字
文　　照
　　烛　　未
　　　　　　来

ⵔⵔ TopBook

她们的唐朝

TANG HEROINES
AND THEIR
GLORIOUS LIFE

A Panorama of the
Tang Dynasty and
Destiny of the
Ladies

唐代社会图景与女性命运

于赓哲＿＿著

鹭书客

陕西新华出版
陕西人民出版社

图书在版编目（CIP）数据

她们的唐朝 / 于赓哲著. -- 西安：陕西人民出版
社，2023.5

ISBN 978-7-224-14708-7

Ⅰ．①她… Ⅱ．①于… Ⅲ．①女性—历史—生平事迹—中
国—唐代—通俗读物 Ⅳ．①K828.5-49

中国版本图书馆 CIP 数据核字 (2023) 第 042327 号

出 品 人：赵小峰
总 策 划：关　宁
出版统筹：韩　琳
策划编辑：王　倩
责任编辑：晏　藜　慕鹏帅
装帧设计：哲　峰　怼色西安·朱天瑞
插　　画：怼色西安·阿　星

她们的唐朝
TAMEN DE TANGCHAO

作　　者　于赓哲
出版发行　陕西人民出版社
　　　　　（西安市北大街 147 号　邮编：710003）
印　　刷　陕西金和印务有限公司
开　　本　787 毫米 × 1092 毫米　1/32
印　　张　9.5 印张
字　　数　180 千字
版　　次　2023 年 5 月第 1 版
印　　次　2023 年 5 月第 1 次印刷
书　　号　ISBN 978-7-224-14708-7
定　　价　59.80 元

如有印装质量问题，请与本社联系调换。电话：029-87205094

感谢读者的抬爱，让这本小书改版再印。在如今这个纸媒不景气的时代，小书尚能再版，除了感谢我也说不出别的话来。

自古中国的历史学是以官方和男性为主导的，女性毫无话语权，纵然强势如武则天者，也不敢公然颠覆男尊女卑的社会纲常。女性的形象和女性的思想、话语，是通过男性的视角被塑造、被记录的，史书中的女性，经常是作为男性的附庸而出现的，即便是女性强权人物，对她们的盖棺论定也是通过男性的视角，然而，"通过男性征服世界"并不是真正的征服。女性应该有自己的事业，也应该有自己的往事记录。

本书所呈现的，就是隋唐时期那些光彩照人的女性。由于史料的取舍本身就是古来男性视角下的史学裁剪的结果，所以我们依旧无法完全摆脱"男性视角"的束缚，但是起码我们心里清楚，女性的辉煌是隋唐最靓丽的霞光。她们中有女皇，有女将军，有女才子，有女商人，她们自信昂扬，性格洒脱，快意恩仇，同时也不失女性所特有的魅力，即便是负面人物，所展现出来的依旧是隋唐女性特有的那种"张扬"。为她们发声，让她们从男性视角中尽可能"独立"出来，抽丝剥茧，尽可能全方位展现其喜怒哀乐和风采，当是我辈史学工作者的责任。

本书再版之时，增补了不少新的内容，力争以新的视角而非传统的正史的视角来描述"她们"，同时也修改了一些错误，并且调整了不少语句，希望本书能像隋唐女性一样，有一抹亮彩。

再次感谢亲爱的读者们。

于庚哲

于长安光盐斋

2022 年 12 月 18 日

在人类远古史上曾有一个母系氏族社会阶段，每个人都是只知其母，不知其父，所以世系都是以女性为标准，女性占据绝对主动的地位。但是随着生产力的进步，农业和畜牧业出现了，这些活动都需要强壮的劳力，于是男性后来居上，开始占据经济主动权，婚姻家庭中也开始以父系为标准。更何况随着人口的增加，各部族之间战争日益频繁，这个领域内那更是男性占据主导。所以从此以后，人类就步入了一个男权社会。

妇女们的地位日益下降，一直到近现代。旧时代女人受到的束缚非常多，尤其是年轻女孩子，可谓大门不出二门不迈。也正因为如此，隋唐女性的高调才让我们觉得那样特别，让我们觉得特别有魅力，自信的人永远是美丽的，隋唐女性用她们的自信、用积极主动的精神谱写了一段荡气回肠的历史，丝毫不亚于男人们谱写的篇章。武则天的诞生不是偶然的，她是那个时代的产物，是那个时代妇女的总代表，没有这个时代背景和群众基础就没有这个女皇。一句话，时代造就了武则天。

中国只有一个武则天，历史只有一个隋唐时代，我们这部书稿就要围绕隋唐时期这些叱咤风云的女性展开。除了涉及武则天之外，还涉及其他著名女性，比如独孤皇后、长孙皇后、太平公主、杨玉环、上官婉儿、韦皇后、武惠妃、鱼玄机等，另外还涉及一些文学人物，比如崔莺莺等，她们或者谋求权力，或者追求真爱，或者纵情文学。有的背负骂名，有的千载传颂。她们的故事精彩、曲折，无时无刻不展现着隋唐文化特有的魅力。

隋唐女性的自由洒脱有如下的表现：

第一，社交自由。

隋唐妇女没有那么多禁忌，大门不出二门不迈这个概念她们是没有的。所以在社交领域内隋唐妇女有很大的活动自由。女人和男人一样可以跨马游玩，可以踏青、玩游戏、看球赛、逛戏场，杜甫名诗《丽人行》云："三月三日天气新，长安水边多丽人。"就是描述上巳节妇女们出外游玩的场景。著名的《虢国夫人游春图》就是一个集中的体现。出土文物中还有不少女性纵马驰骋和打马球的形象，那种昂扬向上的精神面貌千年后依然令人动容。

第二，有一定的婚姻自主权。

隋唐妇女的婚姻虽然也按照父母之命、媒妁之言来进行的，也属于包办婚姻，但是隋唐女性自由度还是比其他朝代要好一些，起码家长会征询女孩子的意见，女孩子也会用各种方式看一看自己的未来夫婿长什么样，气质如何。她们还有一定的决定权。唐玄宗时期宰相李林甫家里有六个女儿，到了婚配年龄，怎么选女婿呢？李林甫在自己办公的那个厅外面开了一个小窗，平常让六个女儿悄悄躲在那个窗户后面，凡是有年轻的士子来奏事，便可以坐在窗户后面悄悄看，看中哪个，李林甫就让人去提醒该士子。所以人们给这个窗户取了个名字叫作"选婿窗"。说是包办婚姻，说白了最起码你自己得先有个大方向，有个主意嘛。唐代传奇小说中自主择婿的故事还有不少，可见女孩子还是有一定的选择权的。

日常生活里，妇女们和异性交往也没有那么多禁忌。咱们举个极其简单的例子，白居易《琵琶行》中，听到有人弹琵琶，然后就想跟弹琵琶的女子攀谈，于是乎就"移船相近邀相见"了，那女子竟然也就同意了，于是乎就有了后面的痛说家史。您想过没有，这大半夜的社交活动，还可以写成诗，不怕人说闲话，足以说明唐朝男女之间那种交往是比较普遍的，比较自由的。当时人觉得司空见惯。所以说隋唐女性的择偶方式相比其他朝代更具有自由恋爱的色彩。

即便是寡妇再嫁，隋唐妇女受到的约束也比较少，而且学术界通过研究发现，越是上层社会女性越不在乎再嫁这种事，而中下阶层女性倒是更能遵守所谓"三从四德""从一而终"，但也没后世那么严格，那么压抑。清代《古今图书集成》里收录的唐代贞洁烈女是51人，宋代267人，明朝36000余人，当然，造成这一现象的首要原因是宋明史料比唐朝丰富，但是再多也不可能差距如此悬殊，那就是因为唐代对所谓"贞洁烈女"没有强烈的执念。

而且即便是贞洁烈女，其标准也和后世不一样。咱们来看个有趣的例证，唐代张籍名诗《节妇吟》描述有已婚妇女，接到了一个仰慕者送来的珍珠，先是对人家表示感谢，然后又说妾身已有夫婿，最后一句尤其有名："还君明珠双泪垂，恨不相逢未嫁时。"我不得不把这明珠还给您，只恨咱们没有相遇在你未娶、我未嫁的那个时候。一言以蔽之，还是舍不得这位爱慕者。请注意这诗的名字——《节妇吟》，意思是这是位很有节操的女性。也就是说，在唐人张籍看来，只要没有实质的出轨，精神出轨无所谓，照样算节妇。唐人阅读此诗毫无隔阂感，他们就是这种贞操观，但是到了明清人们无法接受此诗，这算哪门子节妇？明末唐汝询《唐诗解》评论曰："彼妇之节，不几岌岌乎？"既然恨不相逢未嫁时，那么此妇之节岂不是岌岌可危了吗？清代贺贻孙的《诗筏》："节妇之节危矣哉！"沈德潜的《唐诗别裁》拒不收录这首《节妇吟》。可见即便是贞洁烈女，隋唐的标准与后世也不一致。

第三，性格刚烈。

隋唐女性中有很多性格奔放的，穿男装、穿胡服，纵马驰骋，还弯弓射箭，甚至在"妇人在军中，兵气恐不扬"的氛围下还出过女将军，《木兰辞》这首诗虽然创作于北朝，反映的是北朝时期的状况，但是它最终定稿是在唐代，唐人对木兰给予了热情的赞美，那是因为唐人欣赏女性的勇武。木兰这个人是否真实存在尚有疑问，但是隋唐时期真的涌现过带兵打仗的女将。隋末唐初有个霍姓老妇，和儿子李商胡率军揭竿而起，擅长弓马，人送外号"霍总管"。唐高祖李渊的女儿平阳公主，父亲在太原举兵，她在长安外围做策应，拉起一支七万多人的队伍，为夺取长安立下汗马功劳，她的军队号称"娘子军"。宋代杨门女将纯粹是虚构的，而隋唐这两位可是如假包换的女将军。唐高宗时期曾有女子陈硕真，揭竿而起，自称皇帝。

武则天在唐太宗面前当才人的时候，太宗有匹烈马，谁都没法制服它，武则天自告奋勇，告诉太宗说我来，我要三件工具，第一件铁鞭，第二件铁锤，第三件匕首，它不服，我先用铁鞭抽它，再不服，我用铁锤敲它脑袋，如果还是不服，那对不起了，看来你真的不为我所用了，我就用匕首割断你的喉咙。武则天不愧是隋唐妇女的杰出代表，她这种刚烈性格也就适应唐代文化背景，搁到明清那种循规蹈矩的年代，后妃们绝无此胆量。

所谓"妇持门户"，即指隋唐妇女的彪悍带来的一个有趣的现象——隋唐悍妇特别多，男人怕老婆的多。隋文帝就是个著名的"怕老婆"，独孤皇后就很彪悍。唐高宗那不也怕老婆吗？怕老婆那是隋唐男性很普遍的一项美德。咱们讲三个小故事：

一是吃醋。虽然说唐代女性地位较高，但那也是男权社会下相对的"高"，那时候男性可以纳妾，而正房一旦不许就是"善妒"，有时，还称为"悍妇"。这是一个带有性别歧视色彩的词汇，但没有办法，这就是时代的印记。据说宰相房玄龄的老婆就"善妒"，不许房玄龄纳妾。唐太宗有一次想给房玄龄赐个美人，房玄龄不敢要，唐太宗听了之后把房夫人叫来，跟她说：房玄龄是宰相，他这个级别有几个妾那是很正常的，也是法律允许的，你莫阻拦。没想到房夫人果然彪悍无比，竟然拒不从命。唐太宗令人拿了一杯酒给她，告诉她说这是鸩酒，你选吧，你是选听从命令，还是选死，二选一！没想到房夫人拿过来连犹豫都没犹豫，"咕咚咚"就喝下去了。太宗都看傻眼了，其实那根本不是什么毒酒，就是吓唬她的，没想到房夫人真的敢喝。最后太宗也没招了。这个故事有多个版本，还有版本说当事人不是房玄龄，而是另一个大臣任瑰，再往后世越传越走样，说是当时给那女人喝的不是酒，是醋。其实唐代醋还真的有个别名叫"苦酒"。后来汉语里那个"吃醋"就是打这里来的。

二是畏妇丢官。唐朝有个县令叫阮嵩，超级怕老婆，他老婆禁止他和任何其他女性有染。结果有一次家里宴请宾朋，阮嵩让家里一个女奴前来献歌，但他老婆听说后，披散着头发，撸胳膊挽袖子拿着一把刀就冲进来了，宾客们吓得四散奔逃，阮嵩吓得趴在座位下面不敢出来。到了年底，他的上级考核他的政绩，大笔一挥：不及格！为啥？上级说了，你连自己的老婆都管不住，我还能相信你能管好这一县的百姓啊？为此就把官丢了。

三是降黄巢。晚唐时期有个宰相叫王铎，皇帝命令他到外地去坐镇，抵御黄巢起义军。结果他从京城出发的时候，没有带夫人去，而是带了自己的姬妾前往。这下子捅了马蜂窝了。王铎前脚走了，他夫人听说他是带着姬妾走的，一股无名火直冲脑门，便决定——你走哪儿我跟哪儿，于是乎她脚跟脚撵着王铎就来了。王铎刚到任所，正在指挥布置城防抵御黄巢，忽然有人来报：夫人快到了。王铎这下子傻眼了，咋办？他对属下说：情况大不妙，黄巢正从南边打过来，夫人从北边杀过来了，我该如何是好？他的属下点点头说：不如降黄巢。原来夫人比黄巢还厉害。

第四，才华横溢。

唐代还没有形成"女子无才便是德"的观念，因此女性学习文化的人相当多。名门望族家的女孩子一般都学习诗书，即便是一般人家的女孩子也有机会学习文化，虽然说女性受教育程度还是比不上男性，但是比起其他时代来说隋唐女性文化水平那是相当高的，涌现出一大批女性文学家。武则天就是其中的一个。而且武则天对文坛的贡献还不在于她自己写了多少诗，而在于她命令在科举中加试杂文，从此以后，唐朝的知识分子在诗词歌赋的创作方面投入了巨大的精力和时间。《通典》说自打武则天加试杂文，"五尺童子，耻不言文墨焉"。唐朝文坛一片繁荣。我不知道您注意到一个现象没有，就是大家所熟知的，唐朝的那些诗人，大多数都是武则天以后的人，比如说李白、杜甫、白居易、元稹、杜牧、贺知章、柳宗元、韩愈等等，武则天以前的人呢？恐怕为民众所熟知的，也就是初唐四杰等，并不算多。什么缘故？那就是因为武则天通过科举改革大大刺激了唐朝文坛的兴盛，咱们现在一说古代文学就首推唐诗宋词，您可知道，虽然唐代大文豪男性居多数，但是促使文坛兴旺的头号功臣是个女性，是武则天。

武则天的首席秘书、唐中宗昭容上官婉儿也是个不得了的人物，才高八斗，尤其是唐中宗时期，文坛领袖首推上官婉儿。甚至有传言说上官婉儿还在娘胎里的时候，她母亲就做梦梦到有个神人手里拿着一杆秤，说你怀的这个孩子将来会"称量天下"。没想到上官婉儿后来真的称量天下了，准确来说是称量天下所有的文人墨客。唐中宗时期设立修文馆，用来容纳当时天下有名的才子们，而且经常举行诗歌比赛，裁判长不是别人，就是上官婉儿，她是修文馆的领导嘛。有一年正月，唐中宗率领大家到长安城外昆明池游玩。春意初萌，唐中宗心情大好，于是命令群臣赋诗，而且要在他的诗作里选出一首最佳的，谱上曲子，变成御制曲。于是群臣赶紧写诗，每人一首，一人一张纸，一共一百多篇。唐中宗把裁判权交给了上官婉儿。只见上官婉儿登上彩楼，群臣汇聚楼下，仰头观望。上官婉儿一篇篇看过，哪篇不满意就随手丢下楼来，一时之间一张张白纸如同雪片一般飘下，这些人中有很多名满天下的大文豪，但是此时他们都只能怀着忐忑的心理等待着婉儿的裁决。您可以想象那个场景，大家簇拥之下，彩楼之上，婉儿如同神话中的飞天一般，手中的诗篇如同飞天手中的花瓣一般飞下，这就是所谓"称量天下"。

很快，一百多篇诗作都被丢下来，只剩下两个人的作品还捏在婉儿手里，谁的呢？沈佺期和宋之问的。两位都是天下公认的大才子，才华可谓不相上下。两位的诗留到现在要说也很光荣了，相当于总决赛打到最后一场了。

谁能最后胜出？所有人包括皇帝都屏住呼吸，期待着上官婉儿的最后裁决。

等了好一会儿，只见上官婉儿点点头，手一扬，一张纸飞了下来——沈佺期的。换句话说最后的总冠军是宋之问。大家都想听听上官婉儿解释一下为何如此判断。只见上官婉儿徐徐说：这两首诗功力相当，但是胜负关键出现在最后两句，沈诗最后两句是："微臣雕朽质，羞睹豫章才。"上官婉儿评价说这是"词气已竭"。你已经谦让说我是朽木不可雕，看到其他人才很羞愧。而宋诗最后两句是："不愁明月尽，自有夜珠来。"明月隐去不用愁，这里还有夜明珠，那意思就是以前的人才凋零了不要怕，还有我这样的夜明珠，大有一种江山代有才人出的豪气，上官婉儿评价说："犹陟健豪举。"[1]原来上官婉儿看重的是气场，沈佺期的气场在最后两句呈现了颓势，而宋之问最后两句则气势上扬，所以胜出。

所以你看，上官婉儿虽然是一介女流，但是她主张的是诗要有豪气，要昂扬向上，这就是大唐的气魄。要说唐朝文化为啥迷人，不就在于它那开放包容并且超级自信的模样吗？这种心态在文学上也有体现，而它的最强有力的推动者是一个女人——上官婉儿。所以说以武则天、上官婉儿为代表的女性们对唐朝文学的兴盛做出了巨大的贡献。

第五，积极参政。

唐代妇女参政的热情空前高涨。要说女性干政这事儿，历朝历代都有，唐朝以前有，秦国的宣太后，汉朝的吕后、窦太后，

1　见《唐诗纪事》。

北魏的冯太后，那么为什么我们特别强调唐朝呢？那是因为唐朝有唯一的女皇，而且这个女皇大大刺激了唐朝妇女从政的积极性，很多女性都觉得武则天的成功可以复制，于是在武则天之后接连涌现出太平公主、韦皇后、安乐公主、上官婉儿、张皇后等一大批女性政治人物，那个安乐公主就曾经说，阿武子——阿武子指的是武则天——出身那么低，尚且可以当皇帝，我是皇帝的女儿，我当然更有资格了。你可以发现武则天的事迹对她有多大的影响。可以说女性从政的热情就属唐代最高。

那么我们要问一句：为何隋唐妇女地位这么高，拥有这么大的行动自由？原因大概有二：

一是封建礼教束缚小。礼教对女性的束缚此时还没有发展到登峰造极的地步。我们今天说唐代妇女地位高，其实潜意识里是在和宋以后的妇女比，宋以后的妇女受到的束缚多极了，政治上无地位，经济上不独立，婚姻方面全无自主权，甚至在生理上都被束缚起来——缠小脚。但是隋唐时期对女性的束缚还没有达到这样变态的地步。这里面最主要的原因是因为唐代礼教还没有达到掌控一切的地步，因此礼教的束缚力度还不是特别大。宋代的儒生们就很不满意唐代的儒学，他们认为他们的儒学理念直接继承了先秦，而不是继承唐代，因为唐代没啥好继承的。的确，礼教的兴盛是唐中后期的事情，起码在唐前期，礼教还到不了掌控一切的地步，这样三纲五常对社会的影响也就没有后世那么大。

二是游牧民族文化影响。隋唐是建立在西魏、北周基础上的，十六国以来所谓"五胡乱华"是封建时代歧视少数民族的字眼，其实这个阶段乃是中国大变革的时代，各民族大融合的时代。这种融合包含有血统上的融合，请大家不要忘了，隋朝也好，唐朝也好，皇室都有少数民族血统，李唐那不一半的鲜卑血统吗？隋炀帝的母亲不是鲜卑人独孤氏吗？隋唐有多少人是混血儿？简直是数不胜数。

除了血统融合外，还有文化上的融合。游牧民族生长在马背上，驰骋在天地之间，性格自由奔放，尤其是女性，无拘无束。部落里的任何事她们都有资格参与，甚至于就连战争里也时常活跃着她们的身影。这样的文化最后就融合到了隋唐文化之中。

南北朝时期，南方保留有汉朝以来的文化传统，而北方则是多民族融合的文化。有一个人叫颜之推，顺便说一句，此人是颜真卿的先祖。颜之推本是南朝人，后来到了北方，先是北齐的官，后来又当了北周的官。所以他对大江南北的文化差异就有直观的感受，在《颜氏家训》里面他说江南的妇女都很循规蹈矩，甚至轻易都不和娘家交往。而北方呢？风气截然不同，北方妇女走亲访友毫无拘束，甚至打官司、代子求官、为丈夫诉冤，那真是撑起半边天来，所以颜之推使用了这样四个字来形容北方民风——"妇持门户"。南方代表着汉魏传统文化，而北方这幅景象则是文化大融合之后的新景象。所以颜之推紧跟着说了这么一句话："此乃恒、代之遗风乎？"[1] 意思就是这恐怕是代北鲜卑族的遗风吧？他说对了，北方游牧民族文化是隋唐妇女地位高的直接原因之一。

不过，隋唐再怎么说也是男权社会，妇女地位再高也改变不了这个本质。所以我们对隋唐女性状况也不可做过高评价。比如婚姻关系中男性还是占据主动，休妻权利十分宽泛。政坛上虽然屡有女性当政，但是官场主流还是男性，而且除了武则天之外，这些女性的结果都不妙，说明男权社会这一点并没有受到颠覆。这也就是隋唐这些著名女性们命运跌宕起伏的原因。唐代著名才女鱼玄机曾经有两句诗，显得很无奈，她是这么说的："自恨罗衣掩诗句，举头空羡榜中名。"[2] 意思是说我的女性身份掩盖了我的诗名，我虽然有才华，也只能白白羡慕那些科举高中的进士们。这是才女的无奈，也说明了这个社会归根到底还是男权社会。

但即便如此也掩盖不住隋唐女性们的光芒，我们将步入她们的世界，看看她们的爱恨情仇，体会她们的酸甜苦辣。

1　见《颜氏家训·治家》。

2　见《唐才子传》卷八。

目录

独孤

第一讲

皇后

独孤皇后，名伽罗，隋文帝皇后，我们选择她作为本书开篇第一位人物的原因，除了时代较早之外，还有很重要的一端：她是隋唐时期女性的代表性人物，她对整个政坛的影响不可小觑，甚至可以说她影响了整个隋朝的历史走向。

　　她的出身就很不平凡。父独孤信是西魏、北周八柱国大将军之一，受封大司马，显赫一时。伽罗是独孤信第七女，也是最小的女儿。独孤这个姓氏一听就知道是鲜卑人 [1]。有人可能要有疑

1　鲜卑人：上古属于匈奴种，中世以来属鲜卑。

问：北魏孝文帝改革时，鲜卑姓氏不是改为汉姓了吗？为何独孤姓氏可以保留？其实孝文帝汉化改革中改姓的主要是随同他迁居洛阳的那些鲜卑人，那些鲜卑人中的独孤氏改姓为刘，但是我们的主人公一家看来没改。陈寅恪先生指出过，当时未改姓的多半是留居代北且部落未曾解散者。独孤氏出身云中，看来就属于留居代北者。他们这个家族是北魏末年才迁居到洛阳的。

独孤信*与西魏、北周创始人宇文泰*关系甚笃，两人早年间都曾与六镇起义有瓜葛，六镇起义过后他们一直在大将军贺拔岳手下。贺拔岳是个深孚众望之人，但是由于北魏孝武帝曾联络贺拔岳，欲铲除高欢，高欢买通秦州刺史侯莫陈悦杀死了贺拔岳。于是宇文泰被推为该集团首领，开始了他创立西魏、北周的宏图伟业。

后来孝武帝出走，逃往长安，独孤信因为护驾有功而受封赏。此时中国分裂为三部分，南方是梁朝，而北方则有西魏宇文氏集团与东魏高氏集团，东西魏接连大战，独孤信在战争中屡建功勋。

对于宇文泰来说，最大的问题是西魏方面实力较弱，比不上东魏经济富庶、人口众多。所以

* 独孤信（503—557）：原名独孤如愿，字期弥头，云中郡人，鲜卑族。西魏、北周时期名将，八柱国之一。

* 宇文泰（507—556）：字黑獭，代郡武川县人，鲜卑族。南北朝时期杰出的军事家、改革家、政治家，西魏的实际掌权者，北周政权的奠基者。

他就要想办法最大限度发挥人、财、物潜力，因此创办了八柱国和府兵制。所谓八柱国，就是宇文泰、元欣、李虎、李弼、赵贵、于谨、独孤信、侯莫陈崇八位大将军，他们组成最高领导集团，首领是宇文泰，而元欣是北魏宗室，基本属于被拉来装点门面的。

八柱国之下有十二大将军，这样一个二十人的小集团，却把持当时中国政治走向上百年，这其中，宇文泰是北周实际创始人，李虎是唐高祖李渊的祖父，李弼是瓦岗军首领李密的曾祖，十二大将军中的杨忠是隋文帝杨坚的父亲。也就是说这个小小的集团内出了三代王朝，这难道是偶然的？其实这就是因为这个小集团高度集权，并且秉承了魏晋南北朝时期贵族政治之余风，所以一旦战胜北齐、统一北方，则以泰山压顶之势将整个天下收入囊中，尽管统一是在隋代才完成的，但是八柱国统辖天下的基本格局却早已奠定。

清代赵翼《廿二史札记》*评价这个小集团说："魏之亡，则周、隋、唐三代之祖皆出于武川。宇文泰四世祖陵，由鲜卑迁武川，陵生系，系生韬，韬生肱，肱生泰，是为周文帝。杨坚五世祖

* 《廿二史札记》：赵翼撰。全书共36卷。所考实为廿四史，因其将新、旧唐书，新、旧五代史看成是分别反映同一时代的史书，不予分开考证，故称廿二史。

元素，家于武川，元素生惠嘏，惠嘏生烈，烈生祯，祯生忠，忠生坚，是为隋文帝。李渊三世祖熙，家于武川，熙生天赐，天赐生虎，虎生昺，昺生渊，是为唐高祖。区区一弹丸之地，出三代帝王。周幅员尚小，隋、唐则大一统者，共三百余年，岂非王气所聚，硕大繁滋也哉！"他解释为王气聚集此处，其实所谓王气翻译成现代词汇就应该被理解为是正确的措施、上下一心同仇敌忾的气魄以及高度集权的模式所带来的政治优势。

独孤家虽然没有出过皇帝，但是却别有特色——出皇后，而且是一门三皇后。独孤信一共七个女儿，长女嫁给宇文泰的长子宇文毓，也就是北周明帝。四女嫁给李虎之子李昺，生李渊，李唐建国后被追封为元贞皇后。

而他的七女则嫁给杨坚 *，这也就是我们这一章的主角独孤皇后 *。中国历史上一门出几个皇后的不是没有。但是一门出三个皇后，而且还是三个不同王朝的皇后，其中两个王朝还是未来时，这绝对是独一门。偶然中有必然，就是因为这个军功贵族集团权力高度集中，王朝

* 杨坚（541—604）：弘农郡华阴（今陕西省华阴市）人。汉太尉杨震十四世孙，隋朝开国皇帝，开皇元年（581）至仁寿四年（604）在位。

* 独孤皇后（544—602）：复姓独孤，字伽罗，河南洛阳人，鲜卑族。隋朝第一任皇后，北周太保独孤信第七女。

兴替皆在这个集团内进行，尤其是他们喜欢内部通婚，于是出现这个小概率事件的可能性就大大增加了。

还可以做一个推测，独孤家的女儿也许比较漂亮，因为她们的遗传基因应该比较好，父亲独孤信就是以美仪容而著称，而且他从少年时代就很注重仪表服饰，及长甚至成为西魏的时尚风向标，《北史·独孤信传》："又信在秦州，尝因猎日暮，驰马入城，其帽微侧，诘旦而吏人有戴帽者，咸慕信而侧帽焉。其为邻境及士庶所重如此。"他打猎时风将帽子吹歪，自己浑然不觉，竟然引发全城男子效仿，从此诞生了一个成语"侧帽风流"，可见其仪容之名是何等隆重。

本书所讲的独孤氏是独孤信最小的女儿。她十三四岁的时候，独孤信为她选择女婿，看中的是大将军杨忠之子杨坚。独孤家和杨家关系非同一般，不仅同为八柱国、十二大将军集团成员，而且早年间独孤信和杨忠曾经并肩战斗，甚至共同落难，当时两人一起守荆州，遭到东魏猛攻，荆州丢失，两人逃奔梁朝。后来谢绝梁武帝挽留，返回西魏。所以说两家关系十分稳固，大概也正是因为这个缘故，所以结成了亲家。

这一年是公元 557 年，独孤氏十四岁，而杨坚十六岁。

就在她出嫁这一年，独孤家迎来了一个巨大的灾难——独孤信被逼自杀。

独孤信在八柱国中的威望十分崇高，以至于宇文泰对他都有所敬畏，《周书·李远传》记载了这样一段故事："时太祖嫡嗣未建，明帝居长，已有成德；孝闵处嫡，年尚幼冲。乃召群公谓之曰：'孤欲立子以嫡，恐大司马有疑。'大司马即独孤信，明帝敬后父也。众皆默，未有言者。远曰：'夫立子以嫡不以长，礼经明义。略阳公为世子，公何所疑。若以信为嫌，请即斩信。'便拔刀而起。太祖亦起曰：'何事至此！'信又自陈说，远乃止。于是群公并从远议。远出外拜谢信曰：'临大事，不得不尔。'信亦谢远曰：'今日赖公，决此大议。'"

当时宇文泰犹豫是立庶长子宇文毓，还是嫡长子宇文觉，当时宇文觉尚年幼，而宇文毓乃是独孤信大女婿。宇文泰想立宇文觉，却担心独孤信不服，大臣李远站出来说："立子以嫡不以长，假如是因为独孤公的缘故而为难，我立即动手杀了独孤公。"宇文泰立即制止说："何至如此！"再加上独孤信其实也是支持立嫡的，这场风波才告平息。李远出门拜谢独孤信说："这是做大事，不得不如此。"独孤信也是君子，回答说："仰赖您才决定此大事。"两人这场交锋可谓君子之争。

但是此事预示着独孤信与西魏、北周传位之争是不可能脱开关系了，而且后面的斗争可就没有这么和风细雨了。

宇文泰去世之际，仍旧担心宇文觉年幼，特向侄子宇文护托孤。宇文护在宇文泰死后秘不发丧，一直护送灵柩从云阳返回长安才正式举丧，并且开始把握大权，迫使西魏恭帝禅位于宇文觉，第二年宇文觉称天王，西魏灭亡，北周正式开国。

宇文护行事骄横跋扈，这就招来了其他柱国大将军的不满，这其中包括赵贵和独孤信。赵贵想发动政变杀死宇文护，独孤信也反对宇文护，但是却觉得时机尚不成熟，于是制止了他。就在此时，消息泄露，宇文护得知之后先下手为强，将赵贵、独孤信抓获，赵贵被杀，过不了多久，独孤信也被赐死于家中。

独孤氏嫁给杨坚正是这一年，虽然月份不详，但一定是在此事件之前，因为她绝不可能居父丧而出嫁。独孤信之死可谓灭顶之灾，十多岁的独孤氏此时的心情没有史料记载，但一定是充满了悲愤、恐惧，以及对前途的深深忧虑，在那个年代里，家长的官品就是立家的根本，父亲的死带来的将是整个家族的没落。痛苦是刻骨铭心的，后来她当了皇后，每次见到公卿有父母双全者都毫不掩饰自己的羡慕，可见这少年之痛的长久。

祸不单行，不久独孤氏大姐又去世了。大姐是宇文泰儿媳、宇文毓之妻，而且她的死与父亲的死密切相关。独孤信死后，宇文护废黜宇文觉（自古权臣多有废立），拥立宇文毓为天王。但是他非常忌惮宇文毓的正妻独孤氏大姐，于是想让宇文毓另立皇后，但是宇文毓与独孤氏大姐感情甚笃，最终不顾宇文护的反对，于558年正月立独孤氏大姐为后，但此时独孤氏大姐对父亲被害悲愤异常，积忧成疾，于当年四月卒，谥号明敬皇后。

独孤家此时可谓陷入了低谷，柱国大将军曾经的辉煌也难以抵挡政治的险恶。所以对于独孤氏来说，此时如何选择至关重要，大约唯有韬光养晦才是正道。史籍记载独孤伽罗此阶段内养成了"谦卑自守"[1]的性格。天无绝人之路，东方不亮西方亮，独孤家中兴的机会很快就来了，这个机会来自独孤氏的夫家。

杨家与独孤家的联姻一方面是两家交情所致，另一方面也是北魏后期鲜卑贵族与汉族贵族联姻风潮的体现。杨忠与独孤信是老战友，而且是个老谋深算之人，早早就料到了将有激烈的政治斗争，所以采取了不偏不倚的中立态度，568年去世前还一再叮咛杨坚勿参与皇室斗争。杨坚听从了劝告，始终采取一种超然的态度，这样就在这个微妙时刻有效地保护了自己。杨坚其人，相貌奇特，《隋书·文帝纪》："为人龙颜，额上有五柱入顶，目光外射，有文在手曰'王'。长上短下，沉深严重。初入太学，虽至亲昵不敢狎也。"古代记述帝王长相，往往塑造神奇，有所夸大，但杨坚相貌之奇特大体是可以肯定的（至于五柱之类毫无疑问是夸张），陈后主曾经让使者绘出隋文帝相貌，一见大惊："吾不欲见此人。"[2]相貌还在其次，关键是杨坚颇有才干，深孚众望，这一点十分重要，也是后来他得登皇位的一个重要因素，而独孤氏能够驾驭这样的一个男人，其手腕和能力恐怕也是不容小觑的。

宇文毓后来又被宇文护毒杀，临死前为了不让宇文护有废立

---

1 见《隋书·独孤皇后传》。

2 见《南史·陈本纪下》。

的自由，当着群臣的面用尽最后力气大喊立四弟鲁国公宇文邕，由于当时听者众多，宇文护没有办法，只好从命，宇文邕即位，此即卓有作为的北周武帝。572年，武帝杀死宇文护，正式亲政。北周政治这才步入正轨。

其年四月，武帝册立其子宇文赟为太子，聘纳杨坚与独孤伽罗所生长女杨丽华为皇太子妃，于是独孤家仰仗这个女婿迎来了家族第二春。从低谷到第二春，这个过程经历了十多年之久。这个阶段内独孤氏究竟有何作为，史料阙如，但是可以肯定的是基本"格调"就是《隋书·文献独孤皇后传》所形容的那样："初亦柔顺恭孝，不失妇道。"

而实际上独孤氏是一个果决、泼辣的女性。她的风格实际上是积极进取、有着强烈的掌控欲的。这种风格一方面来自北方游牧民族血统，一方面来自刚刚结婚时所遭遇的一连串家庭悲剧，这些悲剧塑造出一个坚强、有主见的独孤氏。以前这种性格只展现在家庭内部，如结婚之初她就已经展现出对夫君的掌控能力，面对当时普遍的纳妾风习，独孤氏要求丈夫发誓，"无异生之子"，也就是说不要亲近其他女性。隋文帝五个儿子都出于独孤氏，侧面印证了这个誓言的存在。

独孤氏这样做，一方面反映出她重视家族血统的纯正，严格保持嫡庶之分；一方面是因为她厌恶男人好色，而这一点对后来杨广夺嫡事件产生了巨大影响，这是后话。杨坚对自己的这位妻子也是情深意切，婚后不久还做了《天高》《地厚》两首曲子，以示夫妻恩爱。

在女儿出嫁之后，独孤氏逐渐对外展现了她果决、泼辣的做事风格。

她的女婿周宣帝宇文赟是一个著名的荒唐皇帝，用唐代魏徵的话来形容就是一个妖孽[1]，女儿杨丽华偏偏又是一个极有主见、极具性格的女子，很快这种执拗的性格就差点给她带来灭顶之灾。

有一次，夫妻吵嘴。周宣帝本是个喜怒无常、残忍嗜杀之人，而且平时看自己的岳丈深孚众望，已经颇为忌惮，所以就更有了一层借题发挥的意思，当即放出话来，赐皇后自尽。有人报告了杨坚，杨坚急得跳脚，但是却毫无办法，因为此事应该是发生在后宫，杨坚身为大臣，无旨意不得擅自入宫，所以干着急没办法，此时独孤氏挺身而出，单身直闯后宫，要展开对女儿的绝地拯救。

独孤氏深谙自己这个荒唐女婿的心理，这个女婿本就神经质，而且对杨家颇有疑心，所以此时除了示弱没有别的办法。独孤氏来到周宣帝面前，立即拜倒，叩头流血，恳请他原谅自己的女儿。这种卑躬屈膝换来了周宣帝的满意，于是收回成命。杨丽华这才逃过一死。

1　宇文赟的具体事迹请见第二讲。

但是这个女婿的荒唐迟早会给自家带来祸患，对于杨坚和独孤氏来说，恐怕此时都陷入了深深的忧虑之中。果然，此事件过后周宣帝还愤愤然对杨丽华说："必族灭尔家！"[1]可见他对杨坚的戒心并没有因为独孤氏的卑躬屈膝而彻底消除。

但是老天帮忙，这个麻烦后来解决了，而且是按照一种让杨坚、独孤氏始料未及的方式解决的——周宣帝暴毙，而政权则转移到了杨坚的手中。

清代赵翼《廿二史札记》曾经对杨坚夺权的过程有过一段精彩的议论："古来得天下之易未有如隋文帝者，以妇翁之亲，值周宣帝早殂，结郑译等矫诏入辅政，遂安坐而攘帝位。其时虽有尉迟迥、宇文胄、石愻、席毗、王谦、司马消难等起兵匡复，隋文犹假周之国力，不半载殄灭之。于是大权在手。"

的确是这样，古来夺取政权者或通过政变，或通过战争，而且其过程往往伴随着血雨腥风、伏尸百万，但是杨坚夺取天下真可称一个"易"字。当时周宣帝已经自己升格为太上皇，新立的静帝年幼，天下大政仍在宇文赟掌控中。宇文赟虽然年纪轻轻，但是早已被酒色掏空了身体。580年夏，他出外游玩，但是很快就觉得身体不适，于是回宫。回到宫内就立即进入了弥留状态。他身边有一批近臣，包括小御正刘昉、领内史郑译、御史大夫柳裘、内史大夫

1　见《资治通鉴》卷一七四。

韦謩、御正下士皇甫绩等，这些人多半都是靠谄媚得以成为近侍之臣，看到这个状况，立即开始打自己的小算盘了。他们原本都是些无骨气、唯利是图的小人，谄媚周宣帝原本就是图个晋身之阶，什么国家、忠诚从来没进入过他们的脑海里，周宣帝病危，而外界还不知情，正是弄权的好机会。对于这些人来说，假如一切按部就班，等待宣帝去世，昭告天下，然后由静帝在母后的辅佐下亲政，则自己什么好处也捞不到，所以只有不按常理出牌，求得一个拥立甚至开国之功，才能确保荣华富贵和权势不倒。我估计当年秦始皇去世时赵高、李斯等人就是这样想的。

那么拥立何人呢？此时最适合当皇帝的乃是宗室赵王宇文招。但是不能拥立他，因为他不会同意篡位，反倒可能会保护年幼的静帝。思来想去，大家觉得杨坚最合适，首先他是根正苗红的关陇集团核心成员后代，其次此人有权略，深孚众望，最后他是周宣帝的岳丈，拥立他的话，太后杨氏那里一定不会反对。所以大家拍板，立即请杨坚入宫。

此时的杨坚，一切还被蒙在鼓里，周宣帝病危的事他不知道，一干人等在商讨拥立他，他就更不知晓了。要说也是上天帮忙，杨坚此前已经接到周宣帝的任命，要求他去担任扬州总管，主持南征。但是出发前夕，杨坚忽然得了足疾，因此就暂时留在京城治病。要说这场病来得真是及时，天上掉下来的大馅饼就在此时落下了。

刘昉、郑译等人派遣使者秘密来到杨府，向杨坚通报了情况，杨坚听说周宣帝病危，大吃一惊，更令他没想到的是这些人竟然要拥立他，更是吓得手足无措，于是断然拒绝。他的心情可以理解——太令人震惊了，毫无思想准备，杨坚甚至有可能在怀疑这里面是不是有什么玄机，是不是周宣帝在试探自己。所以他拒绝了。

使者回去复命，刘昉一听，命令使者返回杨府，给杨坚说了这么一句话："公若为，速为之；不为，昉自为也。"你来不来？你不来我可就来了。杨坚一听，那还是我来吧。于是他立即动身进入宫中。

我估计在使者一来一回的这个过程里，杨坚整理了思路，已经从震惊中清醒过来，而且极有可能派人从女儿那里打探到了确切的消息——周宣帝的确病危了。这些拥立者中有郑译，此人自幼与自己是同学，且早先就表达过对周宣帝的不满，透露过拥戴自己的意图，当时郑译对杨坚说："以公德望，天下归心。欲求多福，岂敢忘也！"[1]所以综合判断下来，此事不是周宣帝对自己的试探，刘昉、郑译拥戴自己的动机虽然不高尚，但却是真心实意的，所以杨坚决定入宫秉持大政。很快，周宣帝死，杨坚任大丞相、假黄钺、都督中外诸军事，把持了全部朝政。不久就逼年幼

1　见《资治通鉴》卷一七四。

的静帝禅让，自己登上了皇位，建立了隋朝，年号开皇，定都长安，第二年又兴建大兴城（即隋唐长安城），迁都于此。

在登基过程中，独孤氏也起到了关键的作用，正是她对自己的丈夫说的一句话帮助杨坚下定了决心："大事已然，骑兽之势，必不得下，勉之！"此处"兽"即"虎"，《隋书》作者避李渊先祖李虎的名讳，故曰"兽"。此话的意思是——你已经总理朝政，拥戴你的人自然拥戴你，反对你的人并不会因为你收手就对你感恩戴德，此时是骑虎之势，唯有一路走下去，假如此时跳下来，必遭反噬。杨坚就此下定决心，抛开最后的一点顾虑，取代了周静帝，建立了大隋朝。不久，正式册立独孤氏为皇后。一代名后自此登上历史舞台。

作为皇后的独孤氏，很有主见，很有果决之作风，加上性格泼辣，以其能力统领后宫绰绰有余。

隋文帝即位后励精图治，勤俭节约，而独孤皇后也积极配合丈夫，行为做事识大体，懂分寸，平时穿戴饮食都很节省。有一次，突厥与隋朝互市，交易物中有一些明珠，价值八百万钱，幽州总管请示独孤皇后，要不要为她买下来，独孤皇后回答说："非我所需也。当今戎狄屡寇，将士罢劳，未若以八百万分赏有功者。"这不是我需要的东西，还不如省下这笔钱，分赏给有功的将士们。大家听说之后无不感慨，纷纷向隋文帝道贺，有此贤后，国家幸事啊。

独孤皇后还经常用北周后宫失礼之事教训诸位公主，告诫她们要谨守妇道。每次听到大理寺要处决犯人，她都会伤心落泪。大都督崔长仁犯法当斩，但由于他是皇后表兄弟，所以隋文帝打算法外开恩，独孤氏坚决要求依法治罪，最终崔长仁被斩。但是，当事关一己之利的时候，独孤氏又往往有宽宏大度的表现，她的异母弟独孤陀与她有仇，用巫术诅咒皇后快死，按律当赐死，但是独孤氏却为此三日不食，而且说："陀若蠹政害民者，妾不敢言。今坐为妾身，敢请其命。"[1]假如他是贪赃枉法祸害政事、祸害百姓，那我绝不敢多言，但既然他只是想害我一人，那么还是宽恕他吧。于是独孤陀罪减一等，被除名为民。从这几件事来看，独孤氏似乎是一个恪守礼法的谦逊之人。

但是，独孤氏从本质上来说是个强势女人，而且秉承北朝妇持门户的风气，不可能甘心寂寞于后宫，很快，她就开始干预政事，而且愈到晚年程度愈加深。皇上每次临朝，她都坐着辇随同，只是不进大殿，至阁而止，然后派宦官随时传递消息，将自己的意见转达给正在朝堂上听政的隋文帝。每次退朝，两人都相视一笑，然后一同宴饮欢乐。后来独孤氏越发强势，大有一种与皇帝平起平坐的架势，时人将他们并称"二圣"。

而且到了晚年，独孤氏那种勤俭的作风也有所松弛。当时

---

1 出自《隋书·文献独孤皇后传》。

大臣杨素受命为皇帝兴建一座避暑宫殿，地点选在了今陕西省麟游县县城所在地，此处群山环抱，风景秀美，气候凉爽。杨素是个很会来事之人，将宫殿修得美轮美奂，富丽堂皇，甚至远远超过了长安城内的宫殿。而且由于工期紧迫，督工甚严，征发来的民夫死伤累累。宫殿落成，杨素请皇帝、皇后前来巡视，杨坚先到，看见如此壮丽的宫殿不禁勃然大怒，因为这违背了自己一向勤俭的原则，尤其是听说还死了很多民夫，更加愤怒，要把杨素治罪。杨素心里十分恐慌，但是他的副手封德彝却劝他安心，预言说：等皇后来了，形势就会转变。果然，第二天皇帝态度大变，慰劳杨素说："公知吾夫妇老，无以自娱乐，而盛饰此宫邪？"还赏赐他很多财宝。杨素退下问封德彝如何料事如神？封德彝回答说："上节俭，故始见必怒。然雅听后言。后，妇人，惟侈丽是好。后悦，则帝安矣。"[1] 看来封德彝已经抓住了此阶段内皇帝和皇后的秉性：首先，皇帝是听皇后的，皇后高兴了就万事大吉；其次，此时的独孤皇后已经变得好奢侈、重享受，所以看见这座壮丽宫殿一定会在皇帝面前说杨素好话。封德彝的目光可谓敏锐。

杨坚是一个著名的怕老婆之人，对自己的妻子可谓言听计从。而且由于独孤氏管得严，以至于后宫虽然妃嫔满廷，但是却无人敢进御，这一点让杨坚觉得有点抓耳挠腮无可奈何。平时最

---

1 出自《新唐书·封德彝传》。

多偷点"零食",而且一旦被皇后发现就不得了。

有一次,隋文帝在仁寿宫里发现了一个宫女,亭亭玉立,美貌异常,不禁心动。此女乃尉迟迥孙女。尉迟迥是北周重臣,当年杨坚要篡权,尉迟迥在相州举兵反抗,无奈兵败身死,而他的家眷们则被没入掖庭,此时他的孙女已经初长成,被杨坚一眼相中。

于是隋文帝偷偷摸摸将这个女孩带入寝殿,行鱼水之欢。没想到此事被皇后发觉。第二天早上,隋文帝去上早朝,而独孤氏竟然闯入寝殿,将尉迟氏当场杀死。独孤氏的狠辣由此可见一斑。隋文帝退朝回来,还想找尉迟氏,却被人告知已被皇后所杀,隋文帝终于忍不住了,多年的憋屈一下子爆发了,他喊着:"吾贵为天子,而不得自由!"然后骑着马冲出宫廷,出走了。古往今来,让皇后气得出走的皇帝就此一人,弥足珍贵。

这下子群臣慌神了,仁寿宫位于群山之间,周围是荒郊野岭,皇帝单骑失踪,假如出个好歹,岂不让天下人惊死笑死?于是大家纷纷跨上马,分头寻找皇帝。找了很久,终于在距离宫殿二十余里的山间找到了皇帝,大臣高颎上前劝说曰:"陛下岂以一妇人而轻天下!"[1] 这句话您可以做两种理解,一是"一妇人"指的是尉迟氏,意思是死一个尉迟氏没什么大不了;二是"一妇人"指的是独孤皇后,意思是你为了她生气出走划不来。但是独孤皇后听了这个

---

1 出自《隋书·文献独孤皇后传》。

话偏偏是做后一种理解的，由此开始憎恨高颎。

大家将皇帝簇拥着回到宫中，独孤皇后上前来流着眼泪请求原谅，高颎、杨素等大臣都在一旁劝解，皇帝这才稍稍平复。群臣连忙吩咐宫人置酒，夫妻二人算是把酒言和。

但是，独孤氏并没有就此收敛，而是愈发积极干政，尤其严于男女之防，甚至把手都伸到别人家私生活领域内，每当听说诸王或者大臣的妾有身孕，则在皇帝面前百般劝告斥退此人。这其中就包括高颎，当时高颎夫人已死，而妾为他生了一个儿子，独孤氏想起他那句"一妇人"就恨得牙痒痒，没少在皇帝面前进谗言，最终导致高颎被免官。

她的这个特点很快就被人加以利用，并且派上了极大的用场。

谁利用她呢？不是别人，正是她的亲生儿子晋王杨广。此时太子是杨勇。晋王杨广其人雄才大略，颇有才干，也颇有野心。而且隋文帝在平衡太子和其他皇子权势方面犯了大错误，他让太子镇守长安，而让其他皇子出外征战，这样其他皇子的功劳很快就盖过了太子，这样不均衡的状态势必会导致有野心者蠢蠢欲动（唐高祖李渊就是没有好好汲取这个教训才导致了玄武门事变）。

杨广就有这样的野心，他不甘心居于人下，尤其是在率军平定陈朝、统一天下之后，更觉得自己功高盖世，而自己的哥哥杨勇却坐享其成，内心逐渐不平，对太子位产生了觊觎之心。而他思前想后，觉得要想办成如此大事，非要有内外双重援助不可。

所谓外援也就是外朝大臣们，杨广看中了杨素。杨素是个颇有心计才干、又无道德底线之人，做这种事最合适。另外还有杨素的兄弟杨约、宇文述、张衡等亲附于杨广。他们要谋划废黜杨勇，拥立杨广。

杨约历来多心计，他对杨素分析说："今皇后之言，上无不用，宜因机会早自结托，则长保荣禄，传祚子孙。兄若迟疑，一旦有变，令太子用事，恐祸至无日矣！"[1] 他认为，杨家在政坛摸爬滚打这么多年，建立了很多功勋，也得罪了不少人，他日假如形势有变，则杨家危在旦夕，尤其不可让太子杨勇顺利继位。假如废杨勇而立杨广，则杨家有了拥戴之功，可长保荣华富贵。而怎么做成如此大事呢？他指出了捷径——利用独孤皇后。因为只要独孤氏说话，皇帝没有不听的。

要说利用独孤皇后还真是有可能的，为什么呢？因为此时独孤皇后正对杨勇不满。杨勇其人缺少心计，原本隋文帝为了锻炼他，多让其参与谋事，决断能力尚可，但是就免不了好奢侈之陋习。有一次杨勇得了一件蜀铠，蜀铠为蜀地工匠制作，原本就极精美，而杨勇又在其上加以装饰，隋文帝得知后颇生厌恶。还有一次冬至，百官去太子东宫拜贺，太子盛陈仪仗音乐受拜，隋文帝大为不满，因为这颇有点与皇帝分庭抗礼的感觉。

1　见《资治通鉴》卷一七九。

杨勇这样做，倒未必真的是有什么野心，他就是个大大咧咧不拘小节之人，这种性格做个普通百姓倒也就罢了，放到险恶的政坛上只有吃大亏的份，更何况此时已经有人在盯着他的宝座。杨勇大大咧咧的性格也体现在他的私生活方面，而且他触犯了母亲最大的忌讳——宠爱侧室。当年选太子妃，独孤皇后亲自选定元氏，元氏是北魏宗室女，出身高贵，有妇德，但是没想到太子不喜欢元氏，却喜爱云氏。新婚才数日，元氏去世，怎么死的也成了一桩无头案，独孤皇后心有不满，甚至怀疑是太子和云氏下的毒。要知道，独孤皇后一生最忌讳的就是男人好色，尤其是爱妾不爱妻，而杨勇无意中触犯了这个忌讳。

与此同时杨广却很会伪装自己，他平时总是和正妻萧氏同进出，其他姬妾一旦有孕都不让生下来，独孤皇后特别欣赏这一点，尤其是独孤皇后陪同皇帝来晋王府做客的时候，杨广将家中有美色的姬妾都藏起来，唯留老丑者，衣服也很朴素，乐器置于一旁，弦已断，上面满是灰尘，以示自己不好声色犬马之道。所以独孤氏也就越发喜欢这个儿子。这样两相对比，此长彼消，独孤氏心中两个儿子的分量已经失衡，而她的这种心态势必会影响到皇帝本人。

杨素想试探皇后的意思，一次侍宴时貌似漫不经心地说晋王杨广为人严正勤俭，有类至尊。独孤皇后听了后泣曰："公言是也！吾儿大孝爱，每闻至尊及我遣内使到，必迎于境首；言及违离，未尝不泣。又其新妇亦大可怜，我使婢去，常与之同寝共食。岂若睍地伐与阿云对坐，终日酣宴，昵近小人，疑阻骨肉！"睍地伐即是杨勇的小名，换句话说独孤氏已经毫不掩饰对晋王夫妻的喜爱，也不掩饰对太子和云氏的厌恶。杨素吃了一个定心丸，趁机建议废立，独孤皇后大喜，让杨素多做做皇帝的工作。

杨广也没闲着，不断地给杨勇泼脏水，在母亲面前进谗言，甚至扬言太子要谋杀自己，独孤氏越发恼怒，撺掇着皇帝废太子，立杨广。

杨勇一直到形势发展到不可收拾的地步才意识到自己已经陷于极端不利之境地，他计无所出，竟然找人行厌胜之术，而且在后院修造了一个庶人村，自己穿得破破烂烂，在草席上起居，欲以此挡住煞气。皇帝听说了，知道杨勇不安，于是派杨素去探望太子，看看虚实。杨素到了太子东宫，故意长时间不进门，太子原本毕恭毕敬等待杨素到来，却久等不至，不禁有些恼怒，杨素回来向皇帝报告说："勇怨望，恐有他变，愿深防察！"皇帝越发恼怒，而且杨素等人还在太子身边收买耳目，太子有些许微过都放大了说给皇帝听，在这些人共同诋毁之下，杨勇的太子之位逐渐不保。

皇帝甚至在朝堂之上大言不安，意即挑起话头，希望群臣指摘太子过错，杨素揭发说太子对皇帝委派他追查叛党不满，认为叛党已经伏诛，给自己这个不可能完成的任务是刁难自己，还说太子说:"昔大事不遂,我先被诛,今作天子,竟乃令我不如诸弟,一事以上,不得自遂!"[1]意思即当年周宣帝病危,杨坚入宫秉政,假如不成,我杨勇第一个完蛋,现在父亲是天子,竟然让我地位还不如诸位弟弟,没有什么事让我称心的。我高度怀疑这段话是杨素瞎编的,太子再愚钝,也不会看不出杨素是对立面杨广的人,如此抱怨之话怎么可能当着杨素或杨素同党的面说出来呢?但是此时皇帝执意要构成其罪,太子已是百口莫辩。

东宫臣姬威也出来举报太子,说太子说自己以后当皇帝,当杀死敢于劝谏者,杀不足百人就可以喝止他人。还说太子曾称找人算命,算出皇帝大限快到了,凡此种种,不一而足。最终的结果就是皇帝表态,指责太子怨望,且多不孝之举,甚至有谋反的野心,让自己每次回到京城都感觉行走于敌国之中。虽然有不少大臣劝皇帝慎行废立,但皇帝最终还是拍板决定,废太子杨勇,改立杨广为太子。

杨勇被废之后,一度曾爬上高树向宫内呼冤,但事已至此,谁也无法扭转。皇帝决心如此坚定,自然和独孤皇后的指使密不可分。独孤皇后对自己夫君的掌控最终就这样影响到了国家的命运。要说隋炀帝杨广其人,并非碌碌无为之辈,是一个有着很高才华、雄才大略之人,而且治国时常有许多颇具前瞻性的战略举

1　见《资治通鉴》卷一七九。

措，例如开凿大运河、兴建新洛阳城、适应经济重心之南移、打破关陇集团狭隘地域观念等，都能见当时人所未见，颇有战略前瞻性。他在位期间隋朝国力达到巅峰，各项经济指标甚至让唐朝望尘莫及，一直到唐玄宗开元、天宝时期才被超越。但是其人好大喜功，刚愎自用，而且嫉贤妒能，并且经常有不切实际的举措，他的那些战略性举措往往同时进行，造成民力疲敝，尤其是三伐高丽，更是以赌徒心理浪掷国家命运，最终导致大隋王朝盛极而亡，生灵涂炭，这一点恐怕是九泉之下的独孤氏始料未及的。仁寿二年（602）八月甲子，独孤皇后崩于永安宫，时年五十九岁，葬于太陵。一代名后就此谢幕。但是她的印记是那样鲜明，以至于死后仍被人常常提起，最终甚至使老皇帝杨坚喊出了"独孤误我"的悲愤之言。

独孤氏之死让杨坚异常悲痛，这一点自不待言。但是同时也让杨坚获得了自由，自己被皇后管了一辈子，处处不由己。这时皇后已死，杨坚又有了新欢，宣华夫人陈氏、容华夫人蔡氏均受宠，皇帝终日沉溺于酒色，不久健康就每况愈下，皇帝颇有些感悟，谓侍者曰："使皇后在，吾不及此。"[1] 所以说，有时女人对丈夫的"管"看起来有些严厉，实际上是对丈夫的一种保护，是对身体的保护，有时也是对名誉的保护，多数情况下，男人应该

1　出自《隋书·文献独孤皇后传》。

享受这种"管"才是。杨坚就意识到了这一点。

但是这还没完，没过多久，他就又强烈感受到了独孤氏对自己的影响，这个比健康问题还要来得严重。

当时在仁寿宫，皇帝病危。皇太子杨广入住宫中，伺候医药。尚书左仆射杨素陪同。杨广见皇帝病重，实际上颇喜悦，自己终于有了出头之日了。他手写一封信，询问杨素，假如皇帝去世，自己该做些什么？杨素手写一封答书，交给宫女呈送太子。没想到这个宫女误打误撞，竟然把信送给了病榻上的老皇帝，皇帝看了勃然大怒，你们在等我死吗？就在此时，另一件事情发生了，宣华夫人陈氏出外更衣，遭到了太子的调戏非礼，使劲挣脱后跑回老皇帝处，仍然神色不平，皇帝察觉有异，一再追问，陈夫人说："太子无礼！"老皇帝勃然大怒，拍着寝床喊出了这样一句话："畜生何足付大事！独孤误我！"[1]

此时的他，才意识到杨广隐藏之深，才意识到此人品德不足以托付天下，而眼前这一切他认为都是独孤氏所作所为造成，所以喊出了这句"独孤误我"，紧接着他就召唤兵部尚书柳述、黄门侍郎元岩等，要起草诏书，废杨广，重新立杨勇。而杨素得知消息后立即行动起来，首先发兵逮捕了柳述、元岩，又将皇帝寝殿卫士尽数遣散，发东宫卫士代替，然后赶跑了皇帝身边所有宫

---

1 见《资治通鉴》卷一八〇。

女、妃子、宦官，派遣右庶子张衡入寝殿侍疾。不一会儿，张衡走出来宣布，皇帝驾崩。

　　杨坚就这么不明不白地死了。他临死之前，还在怨恨着独孤氏对他的误导，还在切齿痛骂杨广的不仁不孝。但是这一切与他本人岂能脱得了干系？独孤氏从十四岁开始就和他相伴终身，自己势力的壮大、夺取天下都有独孤氏的贡献，治国理政也有独孤氏的贡献，甚至他的私生活也被独孤氏打理得井井有条。但是，独孤氏的过分强势导致她的一己之爱憎影响到了立储这样重大问题的最后抉择，这个女人把对于感情、男女问题的看重延伸到了政治领域，冲淡了在储君选择过程中对于才干品德、虚实的考察，影响到了皇帝本人的决策。这就是即便搁到现代社会也应该回避的"配偶干政"。当然，假如杨坚能多一些主见，能够不那么惧内，也许情况也不至于如此糟糕。当大隋王朝二世而亡烟消云散的时候，独孤氏究竟对此需要负什么责任吗？这恐怕是一个聚讼不已的话题。

第二讲

杨丽华

◆

中国历史上曾有一位经历奇特的女性，她由皇后而到皇太后，又由皇太后而变为公主。她性格执拗，家国变换目不暇接，而她却始终淡然处之，一般世间所认为的"好"与"坏"，在她这里都变成一朵流云。她注定不是主角，却是时代的注脚。

她就是杨丽华*，隋文帝杨坚和皇后独孤氏的长女。

*杨丽华（561—609）：弘农郡华阴县（今陕西省华阴市）人。北周皇后，隋文帝杨坚嫡长女。大业五年（609）跟随隋炀帝巡幸张掖时，病逝于河西，时年四十九岁，陪葬于定陵。

杨家和独孤家都是关陇贵族集团核心成员。杨丽华很早就被周武帝选中，许配给太子宇文赟*为太子妃。周武帝英年早逝之后，宇文赟即位，随即拜杨丽华为皇后。

杨丽华这个人算得上是一个很奇特的人，奇特就奇特在其性格上，她始终有一种超然物外的洒脱和镇静，无论是丈夫还是父母都无法改变她的这种气质。这种气质决定了她不可能像自己的母亲一样去积极干政，但是却决定了她必然有一种别样的人生。

她的夫君周宣帝宇文赟是中国历史上著名的荒唐皇帝。与杨丽华的气质相反，宇文赟从小顽劣，但是非常害怕其父周武帝。周武帝以雄才大略而著称，整顿内政、讨灭北齐，颇有功业，但是其人性格有急躁的一面，尤其是在家庭教育方面，经常采用简单粗暴的方式。宇文赟好酒，周武帝听说后就下令任何人不许带酒入东宫。而且经常因为小事就责骂他，甚至不惜动用棍棒。边打还边骂：你以为只有你可以立为太子？我难道不能立其余皇子？

一味的严厉没有让太子锻炼成英才，反倒使

*宇文赟（559—580）：字乾伯，武乡郡武乡县（今陕西省大荔县）人。北周第四位皇帝。周武帝宇文邕长子，母为帝太后李娥姿。

他一方面学会了伪装，一方面养成了暴戾荒唐的性格，只是在周武帝在世期间不敢表露出来而已。

578 年 6 月，周武帝去世。他身后留下了一个富强稳定的国家，此时北齐已经被灭，统一南方也只是时间问题，但是他却盛年暴毙，带来了形势的急转直下。第二天宇文赟在灵柩前即位，史称周宣帝。其父的死对于他来说是极大的幸事，这下子他终于可以毫无羁绊肆意妄为了。

刚开始周宣帝还像个皇帝样，派遣大使巡游各州，颁布九条律令，强调依法行事，访求人才，表彰孝子孝妇，赈济鳏寡孤独。但是好景不长，总共只维持了几个月，很快他就原形毕露，终日高歌宴饮，游戏后宫，不理朝政。而且将先皇的后宫检阅完毕，选择有美色者留在身边，又四处搜寻民间美色，充斥后宫，人数多达上万。他生活奢靡，金玉宝珠充斥后庭，甚至宫室之壮丽远超汉魏。他终日沉溺酒色，有时在后宫耽延十余日不出，连宰相也见不到他的面。而且他特别厌恶别人劝谏，有劝

＊王轨（？—579）："赐姓乌丸氏"，小名沙门，太原郡祁县（今山西省晋中市祁县）人。北周时期名将，骠骑大将军王光之子。北周大象元年（579）被北周静帝处死。

谏者往往加以惩罚。人们对他逐渐失望。

而且此人还特别记仇，睚眦必报。大臣王轨*功高，曾参与诛杀宇文护等行动，甚受周武帝信赖。王轨很早就发现宇文赟不堪重任。在宇文赟挂帅征讨吐谷浑的战役中，王轨作为其副手起到了主脑的作用，宇文赟实际上就是服从其建议而已。而且在这个过程里，王轨记下了宇文赟许多失态、失德的举措，并向周武帝做了汇报。周武帝有何反应呢？当然是按照惯常的做法，痛打一顿了事，而且这一顿打在宇文赟的腿上留下了疤痕，宇文赟每每看到都恨得咬牙切齿。

王轨曾在另一大臣贺若弼面前谈起太子的种种不堪，贺若弼建议可以对周武帝进行旁敲侧击。王轨竟然直接就对周武帝建议废太子，而且还说贺若弼和自己意见一致。武帝召来贺若弼询问，贺若弼矢口否认。王轨退下后责怪贺言行不一，贺回答说："此公之过也。皇子国之储副，岂易为言，事有差跌，便至灭门之祸。本谓公密陈臧否，何得遂至是言？"意思是储君问题事关重大，必须循序渐进，否则会招来杀身之祸，本建议你密奏皇帝，你怎么突然直接就当众提出了？王轨沉默了一下，回答说："吾专心国家，遂不存私计。向者对众，良实非宜。"我完全是为了国家社稷考虑，不存私计，当然我当着众人面贸然提出，的确不妥。

不过王轨一直没有放弃努力，有一次宴会上，趁着酒劲，他还用手捋武帝的胡须，说："可爱好老公，但恨后嗣弱耳。"[1] 武帝也认同他对太子的看法。那么平时行事果决的周武帝，为何没有立即行废立之事呢？原因很简单——时机尚不到。当时周武帝年龄也不大，儿子们自然更小，除了太子外，只有汉王稍长，但是汉王其人更加不堪，其余皇子只好等他们长大一些再说吧。周武帝此时可未曾预料到自己会英年早逝。

当他去世、宇文赟即位之时，宇文赟要干的第一件事就是报复王轨，他指着自己的腿说："我脚杖痕，谁所为也？"[2] 周围人会意，立即着手诛杀王轨。

王轨早预料到自己的结局，他本可以投降南朝，但是却选择静静等死，以免有损自己一生的名誉。他的死对于朝臣们来说是个危险信号：新君是个睚眦必报之人。

除了这些昏君"标配"行为之外，宇文赟还有一层特别的——我甚至怀疑他的精神本身是有问题的——他常有一些匪夷所思的行为举止，令人咂舌。

例如出巡洛阳的时候，他跨马扬鞭疾驰而去，皇后、百官、侍卫为了追赶他狼狈不堪，甚至"人马顿仆相属"[3]。按照规定，古代皇帝出行一般一天只走三十里，讲究的是端庄从容。没想到这位

---

1 见《北史·王轨传》。

2 见《资治通鉴》卷一七三。

3 见《周书·宣帝纪》。

皇帝却是个暴走族。

他吃饭的时候，使用的是祭祀用的礼器樽彝之属。这是把自己当作血食之对象吗？又筑造一座高台，自己在上面居住。百官前来奏事，必须斋戒沐浴，数日方得上，让人简直分不清这是奏事还是上坟。自己冠上加装金蝉，就不许百官佩戴。又见不得别人使用"高""上""大"等字，姓高的逼迫改为姜，庶民高祖者改为长祖，曾祖为次长祖，官名凡有上及大者皆改为长。

还有些举措令人丈二和尚摸不着头脑，例如命令天下弃用辐条车轮，改用浑木车轮。本身好色，又不许天下女性施粉黛（后宫除外），也许是为了看素颜更容易选择美女？其人嗜杀残酷，大搞特务政治，密令手下侦察百官举止，稍有过犯就加以惩处，还设置杖刑，经常用来打百官和妃嫔，名曰天杖，以一百二十下为一个单位。

当了皇帝没几天，他又突发奇想，禅让于自己的儿子宇文衍（后改名为阐），自己当太上皇，而且继续掌握大权。此人行为就是如此怪异。

杨丽华作为他的元配，日子当然不会好过。她原是正宗太子妃，丈夫当皇帝后自然是正宫皇后，但是没想到神经质的宇文赟竟然一口气设置了五个皇后。先是册立天元皇后杨丽华为天元大皇后，又册立朱氏为天大皇后，元氏为天右大皇后，陈氏为天左大皇后。此皆以色获宠者。又有尉迟氏，是西阳公宇文温之妻，有姿色，被周宣帝看中，逼令饮酒，然后强暴之。宇文温及其父杞国公宇文亮由此反，被杀。宇文温刚死，周宣帝就迫不及待将尉迟氏接入宫中，又立为皇后。

于是中国历史上罕见的一幕发生了：同时有五位皇后。这完全违背纲常礼法。作为正宫皇后杨丽华来说，这不仅仅是分庭抗礼，而且是对她元配地位的藐视，可谓奇耻大辱。但是杨丽华的表现却从容淡定，"后性柔婉，不妒忌，四皇后及嫔御等咸爱而仰之"。也就是说整个后宫包括其他四位皇后都对她十分敬爱。

宇文赟虽然荒唐，但是也不是全无智商之人，他曾看出自己的岳丈杨坚不是一个凡人，认为此人相貌、气质独特，而且深孚众望，更重要的一点是杨坚是大将军杨忠之后，属于上层核心集团成员，足以对皇权构成威胁。所以他总是想通过虐待杨氏给杨坚一点厉害瞧瞧。

有一次，他与杨丽华拌嘴。宇文赟脾气暴躁，一点就着，而杨丽华却是一副岿然不动、淡定自如的模样，任凭你怎么疾风暴雨，杨丽华还是不为所动，但是也绝不服软，宇文赟恼火得不得了，即令杨皇后自尽。

这个消息传到了杨府，杨府上下一片恐慌，最后还是由杨丽华母亲独孤氏出面，独孤氏连夜进宫，叩拜女婿，磕头流血，这才让宇文赟怒气稍消，杨丽华就此逃过一死。对于宇文赟来说，杨坚无明显的过犯，算得上是小心翼翼，要杀他毫无理由。而杨丽华呢？虐皇后只是为了震慑杨家而已，独孤氏卑躬屈膝的样子让宇文赟觉得很满意，觉得达到了目的。但是事后他还曾威胁杨丽华，称有朝一日必诛灭杨家。杨丽华做何反应史书没有记载，但是我估计还是一副沉静如水的样子。

很快，周宣帝病危。这一年他才二十二岁，但是早已经被酒色毁掉了健康，本来兴致勃勃出巡，但是很快就因病返回，并迅速进入弥留状态。随后发生的一幕，我们在第一章里已经描述过了：在刘昉、郑译等人的帮助下，杨坚以外戚身份入主宫廷，不久就逼迫周静帝禅让，自己当了皇帝，建立了隋朝。

自己的父亲当皇帝，杨丽华应该欣喜异常吧？不，恰恰相反，她十分震怒，认为是篡位之举。

杨丽华不是周静帝的生母，静帝生母乃天大皇后朱氏，但是作为正宫皇后，杨丽华毫无疑问要负母后的主要职责。宣帝暴病，然后又迅速去世，这一场眼花缭乱的变故让杨丽华一时之间也没了分寸，当听说刘昉、郑译等人请父亲入宫秉持大政的时候，她十分高兴。北周的政治格局就是皇权并不独大，而是由各个权贵家族共同支持，皇帝年幼，此时正是政治真空时期，一旦有人乘虚而入，于国于己都极端不利，所以听说父亲入宫秉政，她觉得放心了，"后初虽不预谋，然以嗣主幼冲，恐权在他族，不利于己，闻昉、译已行此诏，心甚悦之"。但这只是她初期的反应。

我估计按照杨氏的设想，应该是父亲摄政，辅佐静帝，等其年长交还大政。但是没想到，父亲却更进一步，开始了代周的准备，此时对于杨氏来说，必须挑边了——你站在娘家一边还是站在夫家一边？

按理说周宣帝如此不堪，堪称人渣，死不足惜，杨丽华应该全力支持娘家才是，但是没想到，杨丽华站到了行将就木的北周一边，"后知隋文有异图，意颇不平。及行禅代，愤惋愈甚。隋文内甚愧之"[1]。当她得知父亲的真实意图后，变得十分恼怒，以至于父亲看见她都有愧色。

这就让我们不禁要问一声——为什么？

北朝隋唐时期，妇女地位相比其他朝代为高，这一点是常识，毋庸置疑。但是这个"高"也只是相对而言，它毕竟还是男权社会下的"高"，因此女性恪守三从四德的风气也很浓厚，尤其是当时的贵族，乐于矜夸门风礼法，而其所谓门风，核心内容就是对子女进行正统儒家价值观教育，因此女子恪守妇道以当时主流思想看来是天经地义的。杨氏一门出自弘农，作为汉代以来有名的大家族，对女儿的教育一定也是照此而行的。而杨丽华的母亲独孤氏，虽然是鲜卑族，但是却特别严于嫡庶之分、男女之防，在这样的环境里长大的杨丽华，焉能不遵从三从四德？按照正统思想，当时的妇女，只要出嫁，就已是夫家之人，法理、道

1　见《北史·宣皇后杨氏传》。

义方面自然要站在夫家立场上。再加上杨氏本人性格执拗是出了名的，所以她为亡夫考虑也就毫不奇怪了。

隋朝建立了，杨丽华由皇太后变为乐平公主。这种太子妃—皇后—皇太后—公主的人生经历在中国历史上十分罕见。耐人寻味的是，册立其为公主的时间是开皇六年（586），建国六年了才封为公主，那么此前杨丽华在做什么？有何名号？史料缺乏，无从查考，但是想来杨丽华大概是经历了六七年的时间才算默认了父亲的登基称帝。其执拗可见一斑。

而且有意思的是，隋朝建国时杨丽华不过二十多岁，还很年轻，所以隋文帝和独孤皇后还曾经想让女儿再嫁，但是没想到遭到了杨丽华的激烈反对。彼时寡妇再嫁并非罕见，但立志守寡、从一而终的也大有人在。例如：《南史》卷七四《孝义下·张景仁附卫敬瑜妻传》记载，梁代人卫敬瑜之妻在丈夫死后拒绝再嫁，"截耳置盘中为誓"。《隋书》卷八〇《列女传·郑善果母传》记载，郑善果母年轻守寡，为了表示从一而终的决心而宣称"割耳截发以明素心"。既然杨丽华对北周王朝念念不忘，那么对于亡夫自然也有坚守的立志，于是就出现了这样一个令人无奈的现象：杨丽华明知亡夫昏聩暴虐，却坚守其家国，矢志不渝，其所持守的，除了儒家道德观之外恐怕也没有别物。

周宣帝和杨丽华之间生有一女，名娥英。杨丽华对女儿呵护有加。等女儿到了婚配年龄，杨丽华着手选择妙婿。有性格的人选女婿也别具一格。她把当时公卿子弟们都集中到一起自己亲自挑，每天过眼的多达百人。杨丽华还亲自考试这些青年男性，考试其才艺，选不中的立即请出场。最终替女儿看上了广宗公李敏，小伙子有才华，相貌堂堂，公主很满意。

杨丽华决心为这个女婿求个高官。李敏还有些犹豫，杨丽华来了这么一句："我以四海与至尊，唯一女夫，当为汝求柱国。若授余官，汝慎无谢。"[1]我把天下都让给当今圣上了，现在就这么一个女婿，我要为你求个柱国将军当，如果皇帝赐你别的官，你可千万别答应。

这番话有如下几点值得注意：首先，杨丽华还是念念不忘当年父亲夺位之恨，觉得自己身为皇太后把江山丢给了父亲；其次，她为女婿要官，而且理直气壮，说明她拿捏住了父亲的心理——父亲对自己有愧疚感，所以会答应自己。

宴会上其乐融融，隋文帝亲自弹奏琵琶，杨丽华则赶紧抓住机会让李敏上去伴舞，李敏舞姿健美优雅，隋文帝很高兴，问杨丽华："李敏何官？"

公主回答："一白丁耳。"公主这话有些夸张，李敏袭爵广宗公，又在左千牛卫任职，怎么也不算个白丁，公主的意思是那就不算官。

1　见《隋书·李敏传》。

隋文帝于是转头对李敏说："今授汝仪同。"李敏按照公主事先安排，一声不吭，更别提拜谢了。

隋文帝曰："不满尔意邪？今授汝开府。"李敏依旧不吭声。

隋文帝的确对公主怀有愧疚，于是一不做二不休，干脆一步到位吧："公主有大功于我，我何得向其女婿而惜官乎！今授卿柱国。"这一句"公主有大功于我"是隋文帝愧疚心理的典型体现。正是愧疚心理使得隋文帝决心超规格提拔李敏。

于是公主得偿所愿，李敏赶紧站起来舞蹈拜谢。

从这次要官的事件里可以充分感受到隋文帝、杨丽华父女不同的心态。

随着年龄的增长，杨丽华的心态似乎也在发生变化，那种超然物外的洒脱似乎正在向现实主义转变。隋炀帝时期，炀帝曾经一度宠爱儿子齐王暕，大有立其为太子的意愿。《隋书·齐王暕传》记载："乐平公主及诸戚属竞来致礼，百官称谒，填咽道路。"也就是说她曾来巴结齐王暕。后来杨丽华发现有柳氏女甚美，想献给隋炀帝，这大约是知道这位兄弟好色，投其所好。但是隋炀帝可能是忙于其他事务，没有回音。于是杨丽华又将柳氏女献给了齐王暕，过了些天隋炀帝问起柳氏女下落，杨丽华回答"在齐王所"，皇帝听了大为不悦。这也是后来齐王暕失势的原因之一。

杨丽华也曾经发挥自己的影响力救人。蜀王秀是隋炀帝兄

P2 《虢国夫人游春图》

P068 文成公主像　　　P070 《礼佛图》中的男供养人、女供养人细节

P050 长孙皇后的临时墓穴

P111 《观鸟捕蝉图》

P077 《步辇图》

P146　翠微宫遗址

P150　大明宫复原模型

P155　定陵无字碑　　　　P156　定陵石像

P166　荣先陵

P178　上官婉儿墓志盖

P179　上官婉儿墓志

P186　安乐公主墓志

P203　唐代瓣窠对鸟锦袜

P205　日本的杨贵妃墓

P219　古子午道复原栈道

P223　武惠妃石椁

弟，颇为隋炀帝所忌惮，隋炀帝屡次找机会要杀他，都仰赖杨丽华的劝说才作罢。

大业五年（609）夏，炀帝亲自率领百官、嫔妃西巡青藏高原、河西走廊，而杨丽华也随行。这一次旅程十分艰难，甚至在今青、甘交界的大斗拔谷还曾遭遇重大险情，天降霖雨，史书记载说："风霰晦冥，与从官相失，士卒冻死者太半。"[1] 我曾专门研究过这个问题，我认为夏天大斗拔谷虽冷，亦不至于冻死大半将士，真正的元凶可能是高海拔，是高原反应造成了这场惨剧。

乐平公主杨丽华就是死在这次出巡中，我甚至怀疑可能就是在大斗拔谷得病而致死。临死前杨丽华向隋炀帝托孤："妾无子息，唯有一女。不自忧死，但深怜之。今汤沐邑，乞回与敏。"[2] 也就是把自己的封地转让给女婿李敏，炀帝答应。

杨丽华就此闭上了双眼，享年四十九岁。炀帝下令将其附葬于定陵。

时间荏苒，千年流逝。20 世纪 60 年代在今陕西省西安市玉祥门外一处基建工地发现一座长方形竖井土坑墓，这不是杨丽华的墓，却和她息息相关。墓穴中发现了一具完整、精美的石椁。打开石椁，内有雕刻精美的仿殿堂石棺一具。长 1.92 米、宽 0.89

---

1 见《隋书·炀帝纪》。

2 见《北史·宣皇后杨氏传》。

米、高 1.22 米。棺盖由整块石头雕刻而成，其余部分由六块大石块拼为一体，中间开门，两侧开窗，斗拱、门窗、瓦当惟妙惟肖，并有青龙、朱雀、侍从等线刻图案，是一座歇山式建筑。

这座墓葬所处位置比较奇特，这里位于隋唐长安城内，按理说城内极少有墓葬，但这里稍特殊，是隋代万善尼寺所在，这座尼寺常接待皇室妇女礼佛，因此有妃嫔、公主死后葬于此，而根据墓志记载，这座墓葬的主人名叫李静训，字小孩，是杨丽华外孙女，李敏第四女。从墓志的记载来看，李静训自幼深受外祖母杨丽华的溺爱，一直在宫中由杨丽华亲自抚养，她去世时只有九岁，于大业四年（608）终于山西汾阳宫，此地是隋炀帝的行宫，估计是杨丽华带着她陪同皇帝出游，结果不幸去世。

墓葬内随葬品丰富精美，小小的 26 平方米墓室内出土随葬品二百三十余件，有金、玉、琉璃、骨、铁、陶、木、漆器以及丝织品，其中的嵌珠宝金项链、金镯带有波斯风格，琉璃瓶和内中香水也来自域外。可以说此墓规格之高远超出当时一般儿童墓葬，由此可见杨丽华对这个外孙女之死的惋惜伤痛。

杨丽华的个性在外孙女的墓葬中也有体现，石椁及石棺瓦当上刻有"开者必死"四个字，用来恐吓、诅咒盗墓者。说实话，这样的诅咒极少出现在那时的墓葬中，算不上是流行葬俗，很可能是丧葬主持者杨丽华令人篆刻上去的。

另外，墓志也是杨丽华令人制作的，其中杨丽华的称谓也令人玩味，她自称"周皇太后"。此时隋朝开国已经多年，距离杨丽华本人去世只剩下一年时间，她真正的称号应该是"乐平长公主"，但是她却选择了自己最认同的身份——北周皇太后。原来她的亡国之怨始终萦绕于怀，不能释然。

晚年的杨丽华看起来已经有些世故贪利，只看史书，您会以为岁月已经磨平了她的棱角，但是这位有个性的女子却用最有个性的手段在一千多年以后顽强地再度出现在人们视野里，执拗地告诉你：我什么都没有忘记，我就是我。

长孙

第
三
讲

皇

后

◆

　　贞观十年以后，唐太宗身边的人们发现，这位叱咤风云的君主变得十分惆怅。他经常陷入沉思，而且还在禁苑中修筑了一座高台，时常登上高台，向北方遥望。此时的场面就是四个字——无语凝噎。

　　是谁，是什么事让这位从战场上摸爬滚打出来的千古一帝如此儿女情长？原来，唐太宗在遥望昭陵，那个渭水以北的高山，此山已被预定为他未来的陵寝。但此时太宗尚健朗，那么他频频遥望昭陵究竟为了谁呢？为的是已经故去的长孙皇

后 *。那个曾经辅弼他二十多年，以贤德而著称的长孙皇后。贞观十年（636），长孙皇后去世。太宗无比悲痛，他命令人在九嵕山南麓开凿了一个石室，用来临时停放长孙皇后的灵柩，古人称此行为为安厝。

考古工作者发现的长孙皇后临时墓穴，可以看到墓室内部状况，依稀可以看到壁画的痕迹，还有就是墓室外观，还有墓室周边环境，可以看到它位于高山之上。

墓室已经空空如也。那么长孙皇后的灵柩哪里去了？原来，太宗去世后，按照他的遗嘱，长孙皇后的灵柩被迁葬到了昭陵正式的地宫中，与他安葬在了一起。所以这个临时的墓室就被废弃了。从长孙氏去世到太宗临终前这十多年时间里，太宗念念不忘的就是自己的这位爱妻。想来死亡对于太宗来说可能也不是一件多么痛苦的事情，毕竟他可以见到思念已久的爱妻了。

这对夫妻，就是中国历史上少见的真爱帝王夫妻。

思念长孙皇后的不仅是唐太宗，全天下都

* 长孙皇后（601—636）：鲜卑族，祖籍洛阳，小字观音婢，其名于史无载。隋朝右骁卫将军长孙晟之女，唐朝宰相长孙无忌同母妹，唐太宗皇后，唐高宗之母。

在怀念这个三十多岁就去世的女人，甚至可以说，历史上有人对唐太宗本人还褒贬不一，而对于长孙皇后，绝大多数的人是一致地赞扬。后世的史官用这样八个字来称颂长孙皇后："贤哉长孙，母仪何伟！"这是一位真正堪称"母仪天下"的人物。

太宗为何如此爱她？她身上又究竟有哪些美德，让天下人念念不忘？

我估计，她与太宗如此相爱的原因有如下几点：

第一，感情基础牢固。

长孙家族是北魏以来的名门望族。长孙皇后嫁给太宗的时候，只有十三岁。那个时代人们普遍早婚。唐代墓志里还发现过十二岁结婚的，所以这不算最小的。李世民十六岁，比她大三岁，按照现代标准来说也只是个少年。

李世民与长孙氏这对少年夫妻的感情应该是深沉的。长孙氏幼年丧父，同样，李世民也有早年丧母的伤痛。这伤痛直到他成为皇帝的时候也没有痊愈，想到母亲，他当着左右大臣的面，仍然会失声痛哭。除了同病相怜的儿时经历，李世民还和长孙氏的哥哥，也就是大舅子长孙无忌自幼一起玩，也使人不禁联想，也许在出嫁之前，长孙氏与李世民这对未婚的小夫妻便已经开始鱼雁往来了。

第二，长孙氏知书达理。

长孙氏小名观音婢，大名是什么，没留下来，我们不清楚。

这个也不奇怪，在那个男权社会里，妇女即便有大名也一般不用，这很常见。您想想，连武则天这样的人物都没留下本名，很正常。

长孙氏从小有良好的家教，史籍记载说她："少好读书，造次必循礼则。"[1]

长孙氏勤奋读书，一年四季保持不变。读书使她增强智慧，积累知识，增广见闻。她生活简朴，需求不多，而且胸怀大度。我们都知道后宫关系复杂，但是她把后宫关系处理得很好，唐太宗跟别的宫女生了孩子，宫女因为难产而死，皇后就把这个孩子一直养在身边，像自己亲生的一样，没有半点嫉妒心。别的妃子生病了，她就会把自己的药品拿去给人家用。这些举止，史书给了个评价："下怀其仁"，即下面的人都感怀她的仁德。这就如同将军仁爱，战士乐死一样。贞观时期，后宫在长孙皇后管理之下，一直是风平浪静。长孙皇后掌控有力。那是一种柔性的力量，看不见摸不着，但无处不在。这是长孙氏的力量，也是长孙氏的智慧。

第三，曾经共历考验。

有的夫妻平时看着十分恩爱，一旦面临私欲、金钱等小小考验，私心杂念就出来了，各自就打各自的小九九。那不是真爱夫妻。长孙氏则不然，她在最紧张的时刻全心全意辅佐夫君，甚至

---

1 见《旧唐书·后妃传》。

面临生死考验也在所不惜。

要说这夫妻面临的最紧张的时刻，那还不是李世民在战场上浴血奋战的时刻，长孙氏对自己的夫君的军事能力还是很有信心的。但是真让她紧张的时刻是玄武门事变。

这个玄武门事变为啥能让长孙氏紧张呢？原因很简单，这不是战场上打仗，凭借勇猛就可以获胜，这个事变说白了是一场政变，是一场豪赌。老皇帝李渊实际上是偏向太子李建成的，李世民的政变可谓孤注一掷，成，自然皆大欢喜，不成，一定会家破人亡，而且还要以乱臣贼子的名声留诸史册。

事变之前，气氛是十分紧张的，黑云压城城欲摧。李建成、李元吉也好，李世民也好，都在底下私蓄武装，拉拢朝臣，而且还有很重要的一点，老皇帝身边的妃嫔们。她们在老皇帝面前说几句好话或者坏话，那作用大了去了。所以李建成就派自己的妃嫔入宫去和皇帝的妃嫔们交朋友，贿赂她们。

这些妃嫔一有机会就在李渊面前诋毁李世民，李渊对李世民当然是越看越不顺眼。看到丈夫如此被动，长孙氏出场了，她对高祖的孝顺是那般自然周到，多多少少抵消了后宫中一些人诋毁丈夫造成的不利影响。而且长孙氏在妃嫔们中间也没有少做工作，努力把形势朝着有利于自己的夫君这个方向扭转。

在事变发动的那一天，气氛紧张到了极点的时候，长孙氏亲自站出来勉励大家，所有将士都十分感动。所以说玄武门事变的成功，可谓是长孙氏和自己的夫君一起以性命为赌注孤注一掷的结果。长孙氏在这个过程中与自己的夫君一起经受了严峻的考验。

也正因为如此，政变成功后，李世民登基称帝，没几天就拜长孙氏为皇后，从此开始了她辅弼太宗的后宫生涯。夫妻之间情感一直很稳固，甚至有一段时间太宗病得很重，长孙皇后随身携带着毒药，说要是皇帝有个三长两短，我也就不活了。可见夫妻感情之深厚。

那么全天下的人为何爱戴长孙氏？在她不到四十年的生命里，她究竟做了什么获得了天下人的肯定？

第一，准确的自我定位。

长孙氏本来就通情达理，当了皇后，她更懂得——自己已经不再是一个独立的人了，她是一个象征了，她和太宗的一举一动，那就不是夫妻之间的事情了，那是全天下的事情，是要垂范天下乃至后世的。所以她就特别注意一言一行，而且最重要的是——她给自己的定位十分准确：后宫领袖，母仪天下。从北朝一直到隋唐，前前后后弄权的女性层出不穷。长孙氏从玄武门事变开始就参与政事，再加上自己的哥哥又位高权重，可以说要想当一个强势的皇后完全可以做到，但是她没有。这体现在两件事上：

第一件事：很少干预政事。太宗觉得长孙皇后很聪明，懂事理，所以有时就一些赏罚之事问她的意见。没想到，玄武门事变前还帮着他出主意的长孙氏此时却判若两人，她回答太宗只有一句话："牝鸡之晨，惟家之索。妾以妇人，岂敢豫闻政事？"这是《尚书》里的话，意思是母鸡打鸣，是一家的灾祸，意思是女人不该干政。所以我不该过问政事。太宗再问，长孙皇后干脆脸别过去，一言不发。从我们今人角度看来，女性有和男性平等的参政、议政权。那么长孙皇后这样做是不是"自我矮化"？不是。我们不能用今人的眼光去衡量古人。与其说长孙皇后自甘矮化，不如说在古代行之已久的政治体制之下，她放弃了"配偶干政"。配偶干政和其他非正常干政模式一样，无论是今天还是古代都需要摒弃，因为这超越了原有的政治体系，容易节外生枝，产生各种矛盾甚至阴谋，所带来的后果是十分严重的，这已经被古今中外很多事例所证明。

第二件事：劝太宗弃用长孙无忌。长孙氏特别害怕因为自己的缘故形成外戚专政。古来外戚专政是政坛一大弊端，教训多得不得了。长孙氏特别担心自己的哥哥长孙无忌，他本来就是外戚，加上玄武门事变有首倡之功，所以在太宗一朝长孙无忌是天下第一臣。他越是权势大，长孙氏越是担心，后来她劝告太宗将自己的哥哥免职。她说：我本身已经是皇后，我的哥哥又如此位高权重，长孙无忌特别担心唐朝出现汉代吕后、霍光家族那样的事情，殷鉴不远，我希望您弃用长孙无忌。

这一点，李世民很不理解。所以还是让长孙无忌当了右仆射。之后曾有朝中议论，说长孙无忌有揽权的倾向，唐太宗当众说：我信任无忌，如同信任儿子。朝中的议论戛然而止。但是，皇后还是很坚持，她让无忌自觉退出。无忌当然想掌权，但是敌不过皇后的坚持，只好申请退出，皇上也就同意了。皇后听后很满意。对于外戚干政的防范，有这么必要吗？何况唐太宗是一个很强势的皇帝，怎么可能放任长孙无忌呢？可能很多人都不能理解，但是，她比任何人都了解长孙无忌。这个世界上，长孙皇后最熟知两个人，一个是哥哥长孙无忌，一个是夫君李世民。只有妹妹才知道，在艰难的岁月里，长孙无忌如何渴望翻身，如何渴望获得权力，扬眉吐气。而在现今的政治旋涡中，特别是在李世民高度信任的前提下，长孙无忌的这些渴望真的可能实现。这在皇后看来是可怕的，渴望已久的权力一旦获得，就不可避免地走向贪婪，一切恶果都可能发生。于是，皇后才在临死前再度提出这个问题。长孙皇后真是用心良苦。但后来悲剧还是发生了。长孙无忌被重新起用后，在唐高宗时期被武则天所杀。原因何在？原因就在于长孙无忌位高权重，已经忘记了自己妹妹的良苦用心，他是唐太宗的托孤大臣，也就因此而自傲，将高宗像孩子一样看管起来，武则天立后这件事说白了就是高宗与以长孙无忌为代表的元老重臣决裂的象征，长孙无忌对权力的迷恋导致了他的失败。我们能说什么呢？皇后已经尽心了。悲剧属于长孙无忌，绝不属于长孙皇后。

第二，有智慧的劝谏。

太宗以善于纳谏而著称。但其实那不是太宗的本性。太宗本身是个性格火暴之人，有时也简单粗暴。但是自打以政变上台以来，他就决心以明君的姿态洗刷自己上台的非合法性，可谓知耻而后勇。因此在他统治的二十余年里，勇于劝谏的人很多。

而长孙氏毫无疑问也是其中闪亮的一个。而且长孙氏很有意思，她了解自己的夫婿的火暴脾气，所以一般的事她不管，而且对太宗说话很讲究方式方法。遇到重大事情，她也有自己劝谏的方式。

太宗的大臣里，最爱劝谏他的是魏徵，老魏脾气也偏，不达目的誓不罢休。所以言辞上经常顶撞太宗，有时候把太宗真的惹恼了。有一次太宗一回到后宫就抓狂，嘴里喊着我一定要杀了这个田舍汉！长孙皇后就问：您这是跟谁啊？谁惹您了？太宗回答说：是魏徵那个老家伙，这家伙总是顶撞我，让我老不得自由。说完回头一看，嗯？皇后呢？不见影了。不一会儿，只见长孙氏穿着全套正式的朝服出来了，而且还对太宗拜贺。为啥拜贺？只听长孙皇后徐徐说道："妾闻主圣臣忠。今陛下圣明，故魏徵得尽直言。妾备后宫，安敢不贺？"[1]我听人说只有主上圣明，臣下才忠直，现在有了魏徵这样的直臣，足以说明皇上您很圣明，我焉敢

1　见《大唐新语》。

不贺？您瞧，就是提意见，也很有提意见的技巧，不是硬碰硬批评太宗你咋那么不大度，而是顺着他来，魏徵顶撞你是好事，说明你是明君啊，你不就想当明君吗？这样太宗转怒为喜。

还有一次，也和魏徵有关。长孙皇后亲生的长乐公主要出嫁，有司给准备的嫁妆特别丰厚，甚至超过了一些长公主。魏徵又提意见了：公主的嫁妆比长公主还要丰厚，这是违背礼法的，后辈怎么能后来居上呢？太宗听了，觉得有道理，但是长乐公主是长孙皇后亲生，长孙皇后将其视若珍宝，魏徵的建议会不会让皇后不高兴啊？太宗回到后宫，一五一十对皇后这么一说，没想到皇后比他还大度，长孙皇后说：通过这件事，我真正看到魏徵是社稷之臣，国之栋梁。他比我强，我有时还看你脸色，魏徵才是直臣。忠言逆耳利于行，听他的没错。陛下你一定要重视他的话。您瞧见没，太宗担心她不高兴，她反过来还把太宗劝谏了一把。事后她还命令赏赐魏徵五百匹帛。我相信，唐太宗对魏徵的信任重用，这其中有皇后的因素存在。此外皇后处处维护皇帝形象，也如同魏徵等人一样。

太宗有一匹骏马，他特别喜爱，总在宫中饲养，有一天这匹马却无病而暴亡。太宗对养马的宫人非常生气，一怒之下想杀掉他。皇后劝谏太宗说，过去齐景公以马降罪于人，大臣晏子佯装数落那个马夫说：你养马养到马死，这是你罪责之一；国君因为此事而杀你，百姓知道，肯定抱怨君主，这是你罪责之二；诸侯国听了，必然轻视吾国，这是罪责之三。齐景公这才没有杀人。陛下读书熟知此事，怎么会忘记呢？太宗怒气才解。他还对房玄龄说，皇后拿平常事启发我，真使我受益匪浅。

爱护皇帝的形象，就是爱护国家的形象，是爱护国家的一种重要表现。但是，这个爱护不是护短，不是隐藏皇帝的错误，更不是为皇帝的过错辩护。真正爱护国家的荣誉，爱护皇帝的荣誉，就应当减少皇帝犯错。帝王无私，不是说帝王没有私心，而是说帝王形象代表国家，事无大小内外，都关涉国家，都是公共事务。

这不仅需要皇帝处处从国家利益、民众福祉出发，也需要大臣们从多个方面共同督促皇帝。长孙皇后对于唐太宗而言，是特殊的臣下，她能发挥其他大臣发挥不了的独特作用。唐太宗的时代，正气占据上风，长孙皇后对此有着自己的独特贡献。

第三，恰到好处的节俭。

唐太宗的贞观时期，国家刚刚结束战乱，经济凋敝，人口减少。各种经济指标前不及隋炀帝大业五年，后不及开元、天宝盛世。人们称赞贞观之治，其实是称颂其政治清明。那是，贞观时期的确是中国封建王朝历史上少有的清明时代。统治阶层内部懂得收敛有度，不肆意妄为，这就是清明的体现。长孙皇后在这方面做得无疑是很好的。史籍记载说她生活节俭，一点也不奢侈。非但对自己，在子女教育方面也是如此。有一次太子李承乾的乳母来求见皇后，告诉她说太子嫌东宫内器物少，不够用，想请求增添器物。李承乾想要东西向皇帝提出来不就行了吗，干吗事先派乳母来给母亲打招呼呢？因为他知道，在子女教育方面母亲有时比父亲还严格，过不了母亲这一关不行。果然，皇后正色对乳母说：太子应该担心的是德不立，名不扬，怎么担心东西少呢？哪个重哪个轻啊？就这样把太子回绝了。

说实话，我有时想，假如长孙皇后还能再活十年，李承乾也不至于那么不成器，以至于太子之位被废了吧。可惜，历史是不容假设的，咱们只能想想罢了。

后来有人找到了一则史料，指出长孙皇后似乎也没那么节俭嘛。怎么回事呢？原来宋代的米芾在一幅画上有一处题记，描述了长孙皇后留在世间的一双鞋的样子。至于米芾是看到了这双鞋的原物，还是临摹前辈画作，这个就不清楚了。那段文字现在见于《见只编》《说略》等书中。米芾描述说这双鞋是一双岐头履，有羽毛、黄金、珍珠做装饰。

那要从这段文字来看，这双鞋的确够奢华。那么是否说明长孙皇后生活很奢侈？其实仔细看《旧唐书·后妃传》是怎么描述长孙皇后节俭的："后性尤俭约，凡所服御，取给而已。"意思是长孙皇后不是穿得破破烂烂，而是取之有度，够用即可，不做分外的要求，不在宫外做额外的索求。也就是说，皇后应该享有的那些金玉珠宝，长孙皇后并不拒绝，但是一切按照规矩来，不奢侈，不过度，该是啥样就是啥样。王莽当年穿衣服那真的破破烂烂，最后国家还不是陷入动乱；隋朝独孤皇后刚开始时也很节俭，衣服很朴素，到了晚年不也追求仁寿宫的豪华，而且在太子人选问题上昏招迭出。所以关键在于内心有无真正的淡然，有无不靠外表展现自我品德的自信。长孙皇后毫无疑问是拥有这份淡然和自信的。

唐太宗能够开创贞观之治的盛世，一定程度上，也是因为他有长孙皇后这样的贤内助，长孙皇后虽然贤德，但是她的身体一直不是很好，据说一直有风疾，估计是心脑血管方面的疾病。贞观十年，三十六岁的她病倒了。病情一日甚于一日，逐渐转向危殆。当时的太子李承乾提出要大赦囚犯，而且还要广度僧道以祈福。长孙皇后听到这个消息之后，再次展现了她的贤德，她说：死生自有天命。如果说做善事就可以延长性命，那我平时做事并不恶。假如这样做无效，那做来又有何意义呢？囚犯的事情，度僧道的事情，国家自有法规，不可为我这一妇人乱了国家的法律。囚犯归法律管，为啥度僧道也归国家法律管？那是因为那时候人们不能私自出家，必须由国家颁给度牒，也就是许可证才能出家。

而且她进一步对太宗提出请求，遗嘱里再次劝告太宗不要娇惯外戚，而且提出要实行薄葬。首先，因山为墓。意思是找一座山，掏个洞，把她安葬进去，不必再起坟堆了。另外，她要求随葬器物用木器、陶器即可。一句话，朴素为上。这里顺便说一句，后来太宗没有完全听从她的遗嘱，虽然的确因山为墓了，但太宗只是给她建了一个临时安厝的石室而已，因为太宗已经下定决心，要以此地为自己未来的陵寝，所以他命人着手建造一个更大的地宫，这个地宫有数十丈深，后来的随葬品也很丰富，其中还有王羲之等人的书法作品。他下令把这个地宫作为自己和长孙皇后未来的长眠之地。这已经违背了长孙皇后薄葬的请求。太宗晚年总结自己都说过，他的自我约束比起贞观前期有所减弱。看来果然如此。怎么说呢？我们权且把这看作是太宗表达自己对亡妻思念的一种方式吧。贞观二十三年（649）他去世后，高宗怀着悲痛的心情将母亲的灵柩从石室中请出，把父母一起安葬到了地宫中。

长孙皇后去世了，英年早逝的她留下的是一个几乎尽善尽美的形象。这也就无怪乎后世对她推崇备至了。可以说后世不论哪个朝代，一说起后宫典范，必然会提及文德皇后长孙氏。

但是对于长孙皇后也不是没有批评意见。现代一些学者批评长孙皇后一味遵循三纲五常，压抑自我，迷失自我，去成全太宗，是封建礼教的牺牲品。评价历史人物不可脱离其时代，我们不能要求每个人都是时代的先行者，都能打破时代的束缚去做事，长孙皇后的所作所为是那个时代的产物，她的价值观是那个时代的价值观，因此我们评价她也必须站在那个时代的基础之上，不可用现代价值观来要求她，这就是那句话：一个人要想离开社会而生存，那正像人拔着自己的头发想离开地球一样的不可能。

还有的学者注意到了这样一件事，长孙皇后有个哥哥长孙安业。长孙皇后曾经替他向太宗皇帝求官，他犯了法，长孙皇后也代为求情。由此有的学者认为长孙皇后徇私舞弊。但是此事要完整分析。怎么回事呢？这个长孙安业，实际上是长孙皇后同父异母的哥哥，此人素来是个无赖混混，不务正业，且嗜酒如命。当年长孙氏父亲长孙晟去世后，他还曾经一度把长孙氏赶回了舅舅家。可以说他对长孙皇后是非常坏的。长孙氏当了皇后之后的确为他求官，后来长孙安业参与谋反，谋反的同党都被杀了，而长孙安业的确是靠着长孙皇后求情才得以幸存。但是长孙皇后自己说得很清楚，她这样做绝不是为了这个无赖长孙安业，而是为了不让天下人产生误解，她说长孙安业这个人"不慈于妾，天下知之，今置以极刑，人必谓妾恃宠以复其兄，无乃为圣朝累乎？"[1]长孙安业对我不好，天下人都知道，现在假如将其正法，恐怕有人会说这不是什么遵行法律，而是臣妾借机报复，为了朝廷的声誉，请宽恕此人。原来无论是求官也好，还是求情也好，长孙氏都是出于维护皇帝和自己形象的考虑，不是因为私情，恰恰是因为兄妹有宿怨，她才这么做。人到了一定的层次，喜怒哀乐就不是自己的了，长孙皇后无疑意识到了这一点。从这点来说，此事绝不能看作是她的污点，反倒是一个亮点。

---

1 见《旧唐书·后妃传》。

长孙皇后去世了，但是却给后世妇女们留下一个典范，甚至可以说，她在历代皇后中的形象地位，比起太宗在历代皇帝中的形象地位还要高，这就是这位三十六岁女性流星般短暂而辉煌的一生。

文成

第四
讲

公

主

公元 641 年，一支几千人的队伍浩浩荡荡地离开唐朝的首都长安，他们要跋山涉水，前往一个遥远的地方，这些人中有军人，还有一部分是各种工匠，另外还有很多宫女，簇拥着一位公主，衣装华丽鲜亮。这不是军队出征，是公主出嫁。

　　公元 641 年正是唐太宗贞观十五年，这一年发生了很多事，但公主出嫁这件事情，让这一年显得不同寻常，虽然这位公主并不是太宗的亲生女儿，而是唐室宗亲，刚被册封为公主。但是她的出嫁，却成就了一段千古佳话。

这位公主不是别人，就是大名鼎鼎的文成公主，她要嫁的丈夫，就是当时的吐蕃领袖松赞干布。

吐蕃就是今天的西藏，我们都知道，西藏拉萨有一座雄伟的布达拉宫，布达拉宫就是松赞干布时期初建的，内中有一座唐文成公主像。

公主面庞丰满，颇有唐代仕女的风采，而且慈眉善目，看着非常温和善良，又有着雍容华贵的气质，但是遗憾的是，从服饰来看，这可能是宋元以后的作品。

青海玉树勒巴沟古秀泽玛佛教摩崖造像中的一幅"礼佛图"，被部分学者认为是吐蕃时期松赞干布和文成公主礼佛图。如果这个结论成立，那么这就是最靠近文成公主生活年代的公主造像，比现存所有的文成公主塑像和绘画都要更可信一些。根据卢素文《青海玉树勒巴沟古秀泽玛佛教摩崖造像调查简报》[1]，古秀

---

1 卢素文《青海玉树勒巴沟古秀泽玛佛教摩崖造像调查简报》："跪坐供养人身后为一站姿男性供养人，是四身供养人中体量最大者，高1.56米，但其头顶也仅至立佛下垂的手腕处。他头戴高筒状冠帽，平顶，遮耳，颈后可见有一小撮发辫；身穿小三角翻领左衽长袍，腰间系带；双腿直立，上身前倾，双手捧钵，面部微仰，略带微笑，做恭敬虔诚礼拜状；袍服下摆垂至脚踝处，双脚蹬靴露出脚尖。他的身后为一身女供养人，体量略小，高1.26米，未戴帽，梳发髻，中间一横椭圆形发髻遮住额头正中，两侧各有一竖向发髻，遮住耳朵；她跟在男供养人身后，朝向立佛呈直立站姿，眼睛细长，鼻梁挺直，小嘴；外披无领大氅，长及脚踝，内着袍服样式不详，底端露出双脚着靴；双手于胸前合十，执一枝鲜花供养。最后一身供养人身高0.85米，直立站姿，面部微仰看向立佛，头顶束髻，与跪姿供养人发髻相似，外披交领左衽大氅，内着袍服样式不详，底端露出双脚，双手于胸前合十持一枝莲花。"

泽玛摩崖造像位于青海省玉树藏族自治州玉树市巴塘乡勒巴沟沟口，2012 年 7 月至 8 月，青海省文物考古研究所和四川大学中国藏学研究所联合对此处石刻造像进行了调查。

造像由两铺阴线刻图像组成，分别为"礼佛图"和"说法图"。"礼佛图"中的佛为释迦牟尼佛，旁边有男供养人、女供养人，男性头戴高筒状冠帽，身穿翻领左衽长袍，是典型的吐蕃时期的服饰，通过与吐蕃时期赞普形象的对比，结合藏东地区发现的吐蕃时期的题记，推测该供养人为吐蕃赞普。这两处造像的年代大约为 8 世纪下半叶至 9 世纪。

许新国《郭里木吐蕃墓葬棺板画的研究》认定这两个形象就是松赞干布和文成公主，他结合郭里木吐蕃墓葬棺板画指出，松赞干布头上戴着吐蕃时期的塔式缠头，是吐蕃早期标志性的高等级男性衣着打扮。文成公主的形象较为汉化。松赞干布此时是供养人形象，而吐蕃后期壁画中松赞干布地位等于佛、菩萨，所以这幅壁画雕刻于初唐时期。

汤惠生《青海玉树地区唐代佛教摩崖考述》也认为这是松赞干布和文成公主，卢素文："学界对此铺造像的关注点多集中于供养人的服饰，尤其是男供养人所着的三角翻领左衽长袍和头顶所戴高筒状缠头冠帽，将其作为断代的重要依据。"

谢继胜《川青藏交界地区藏传摩崖石刻造像与题记分析——兼论吐蕃时期大日如来与八大菩萨造像渊源》有不同看法："或许

是出资雕造大日如来的益西央，当时吐蕃人就是如此服饰，因此我们不能将筒状头饰统统认定为赞普。男施主的缠头实际上就是至今康巴地区男子仍在使用的红色头饰。"

卢素文则认为，男性供养人的确可能是吐蕃赞普："推测此处戴着这种高高的筒状冠帽、身穿左衽三角形翻领长袍的男性供养人就是吐蕃赞普，但具体是哪一位赞普，因为没有题记，因此难以定论。"但是卢素文指出，勒巴沟附近基本同时期的摩崖石刻，题记均提到赞普为赤松德赞，"跟在女供养人身后的小供养人，以往研究者多辨识为侍童，但观其姿势，身体完全直立，同女供养人一样，亦是双手合十持花供养，未见有弯腰屈膝等役从之姿，因此推测亦有可能为男女供养人的子女。若联想到前述藏文题记中的'赞普父子'，或许此处的供养人为赞普赤松德赞父子？这铺礼佛图的年代大约可以断为8世纪中叶至吐蕃王朝9世纪40年代崩溃之前"。卢素文的报告还是谨慎使用了"礼佛图"这个词汇，没有直接冠以"文成公主礼佛图"。

这处石刻最大的问题就是缺乏明确的文字题记，所以究竟是松赞干布还是赤松德赞，均为学者推测，而女供养人的身份，当然与男供养人身份断定直接相关。但是不可否认的是，女供养人的发型的确具有唐代特色，但是这个发型更接近盛唐时期的倭坠髻，与初唐流行的半翻髻、反绾髻、高髻等不同。假如这位赞普是8世纪的赤松德赞，就有一点令人疑惑，赤松德赞的妃子中并无唐朝公主，那么女供养人的唐朝发型如何解释？或许这处摩崖石刻就是纪念松赞干布的，王妃就是文成公主，只是由于石刻开凿于 8 世纪，工匠并不熟悉初唐发型，按照盛唐发型进行了雕琢。或许这只是一位受到唐文化影响、服饰方面模仿唐人的 8 世纪吐蕃王妃。可以说这个问题尚无一锤定音的确切证据。

文成公主与松赞干布的婚姻，在当时和后世都有非常大影响。它的影响力分为两大阶段：第一阶段，文成公主出嫁吐蕃促进了唐朝与吐蕃之间罢兵言和，结成舅甥之国。第二阶段，松赞干布和文成公主相继去世之后，文成公主带来的各种器物、各种典章制度对吐蕃历史的影响持续发酵，一直持续到今日。也正是因为这个缘故，所以历史上那么多和亲的女子中，文成公主知名度最高，也最受怀念。

吐蕃民族是崛起于青藏高原的一个民族，现代生物学研究证明吐蕃先祖是北方民族，后来才迁居到青藏高原南部，因此有人说"汉藏同源"，也就是从生物学角度来说汉藏两个民族同根同源。刚迁居到青藏高原的时候，吐蕃还不是一个整体，而是由无数个小部落组成的，以游牧经济为主。

吐蕃的崛起就是在松赞干布手上完成的。他将松散的部落团结在一起，镇压叛乱，编练军队，改革推广文字，而且把首都正式迁到了拉萨，然后他的目光就开始望向远方了。他想征服整个青藏高原。当时高原北部有另一个强大民族吐谷浑，而吐谷浑是臣服于唐朝的，所以松赞干布很快就和唐朝发生了冲突。

此时的唐朝皇帝不是别人，正是唐太宗。松赞干布和唐太宗，都是有雄才大略之人，机缘巧合遇到一起了，也算是华山论剑吧。

那么文成公主此时在做什么？很可惜，史料记载不清晰。文成公主是唐朝宗室女，之所以选择文成公主，一则是因为她是宗室，可以代表唐皇室；二则是因为文成公主的素质很适合担负这个任务。文成公主是一个美女，而且很有气质。松赞干布后来第一眼看到她就被吸引了。而且此女十分聪明，知识面广，太宗是希望和亲的公主去传播文化的，而她就是个非常合适的人选。

此时对于唐太宗来说，正是踌躇满志的时候，国家经济进一步发展，政局稳定，四方无事，唐太宗被各族酋长一起拥护为"天可汗"，就在此时，吐蕃开始向青藏高原北部发展，吐蕃要征服的第一个对手，就是吐谷浑，而吐谷浑是唐朝属国，唐朝当然不能坐视不理，所以吐蕃和唐朝就此发生了冲突。

但吐蕃的领袖松赞干布其实并不是真正想和唐朝发生对抗，为什么这么说呢？因为在此之前，也就是贞观十年的时候，松赞干布曾经向唐朝求过婚，当时他正渴望吐蕃的地位得到抬升，让外界认可这个新崛起的政权，那么没有比迎娶大唐公主更荣耀的事情了，一旦成功，外界一定会对吐蕃刮目相看。

尤其是他听说突厥和吐谷浑都向唐朝皇室求婚，那他更不肯落后了。所以很快他也派出了求婚使者，带着大批礼物来到了长安。

那么，文成公主是不是就在这一次嫁给了松赞干布呢？不是，这个过程十分曲折复杂。松赞干布一共求婚两次，我们分别来看一看。

第一次求婚的时候，吐蕃使者来到唐朝后，获得了唐太宗的热烈欢迎，而且答应了使者的要求，可是就在使者觉得欢欣鼓舞的时候，唐太宗却突然改变初衷，收回成命。究竟是什么原因导致唐太宗反悔呢？唐朝方面自己对此没有解释。而使者回去向松赞干布汇报时说的一番话透露了其中的玄机，他告诉松赞干布，事情坏在吐谷浑可汗的手上。原来就在唐太宗与吐蕃使者商量联姻的时候，吐谷浑可汗入朝拜见唐太宗，结果这场会晤之后，太宗的态度就发生了一百八十度的大逆转，不再答应吐蕃的要求，甚至接待规格都降等了。这是为什么呢？

这与吐谷浑在青藏高原上与吐蕃的竞争密切相关。吐谷浑是鲜卑人的后代，和吐蕃一直是敌对状态，而吐谷浑在贞观九年后是臣服唐朝的，先前吐谷浑曾经和唐朝敌对，贞观九年唐远征军讨伐之，吐谷浑被击败，原来的可汗伏允也死了，新的伏顺是唐朝立起来的。

吐蕃崛起后，严重威胁到了吐谷浑的安全，而此时吐谷浑的可汗听说吐蕃使者还要向唐朝求婚，坐不住了，所以他赶快进京朝拜唐太宗，意图遏制吐蕃。

对于唐朝来说，吐谷浑是臣服自己的，自然要全力扶持，而吐谷浑和吐蕃是对头，此时假如吐蕃通过与唐朝的联姻地位获得抬升，对吐谷浑是一个巨大威胁，这一点是唐朝不愿看到的，所以唐太宗选择了听从吐谷浑可汗的建议，收回了成命。

说实话，此时的唐太宗对于吐蕃的实力还没有真正的了解，吐蕃刚刚崛起，与唐朝又不接壤，所以唐朝对于它缺乏了解和认识。松赞干布是一代雄主，于是决心展现一下自己的实力，他开始向吐谷浑动刀。他还不敢贸然对唐用兵，所以就先向他心目中的罪魁祸首吐谷浑下手。

这一战松赞干布可谓倾尽全力，御驾亲征，调动军队主力，联合其他一些部落向吐谷浑发动猛攻，吐谷浑战败，不得不逃跑。吐谷浑被俘的民众、被掳掠的牲畜不计其数。紧跟着松赞干布又征服了一些小部落，这下子就直接打到唐朝国门前了。

此时松赞干布手下有雄兵二十余万，这回再次派出使者，带着金银财宝来求婚，而且扬言："若大国不嫁公主与我，即当入寇。"[1]唐朝边防部队与吐蕃军队接战，竟然被击败了。

这下子唐太宗意识到情况的严重性了，此时的他内心里已经开始检讨自己外交方面的失误，但是他同时意识到，不管随后

1　见《旧唐书·吐蕃传》。

与吐蕃怎样和好，此时必须以强硬对强硬，要以强硬手段维持唐朝的尊严。毕竟战胜而后和谈，才可以维护利益。于是他调兵遣将，派遣大将侯君集、执失思力、牛进达率领大军前往边境抵御吐蕃。这三人都是当时有名的将领，结果牛进达率先与敌接战，到达边境后立即部署对吐蕃展开夜袭，结果吐蕃被打了一个措手不及，损失上千人。

这一仗让松赞干布意识到，唐朝的实力的确不是他以前遇到的那些对手可比的，打下去难免吃亏，再加上他教训吐谷浑、展现实力的目的已经达到，所以他选择了罢兵言和。他下令立即撤退，并且派使者向太宗请罪，而且再次提出了和亲要求。

唐太宗这一次答应了松赞干布的请求，准许和亲。那么太宗为何同意松赞干布的和亲请求？我想原因有如下两点：

一是认清对手实力。这一仗虽然唐军取得小胜，但是吐蕃的实力不容小觑，它可以轻易打败吐谷浑和羌人，而且兵团多达数十万人，这是青藏高原上从未出现过的强大武装力量，这样的一支力量，与唐朝暂时没有什么根本性的利害冲突，只要求和亲，有何必要不同意呢？原本还要顾及吐谷浑的感受，可是事实证明吐谷浑无法抵御吐蕃啊，也就是说吐蕃才是未来高原的主要力量，所以有必要重新考虑和亲问题了。

二是换取长远利益。唐太宗时期唐军实力超群，几乎是无往不胜，但是太宗不是穷兵黩武之人，没事不总想着打个谁。能够和亲的话何乐而不为，早年间，还没有吐蕃这件事的时候，他就论述过对于和亲的态度。他是这样说的："北狄风俗，多由内政，亦既生子，则我外孙……以此而言，边境足得三十年来无事。"[1]

他指出："北方少数民族的风俗是政令多出于母后，假如我把唐朝公主嫁过去，以后生的孩子就是我外孙，我家公主、我家外孙，肯定不会与我为敌，这样边境可以换来三十年和平，岂不美哉。"说实话，唐太宗很实际，也很睿智，他是想通过这种和平手段换取安宁。正因为这个缘故，他时常采取和亲的方式处理外交关系。他最终答应了松赞干布的求婚。

双方都有了和亲的意向，那么很快这件事就提上了议事日程。跟民间婚姻一样，男方得有提亲的人啊，于是松赞干布就派出了他身边的重磅级人物禄东赞。禄东赞带着黄金五千两和数百件宝物来到长安提亲。

这个禄东赞可是个不得了的人物，可以说是松赞干布最重要的助手，曾经帮助松赞干布平定贵族叛乱，而且在政治、军事各个方面都有极高才干，被松赞干布拜为大相，相当于唐朝的宰相。他在松赞干布死后担负起了治理国家的重任，虽然不是赞普，但权势也和赞普差不多了，他的后人也持续对吐蕃政局产生着巨大影响。

---

1 见《贞观政要》。

总之一句话，与唐朝和亲这件事是松赞干布当时面临的最重大的事件，所以派出了自己最信赖的助手禄东赞。

唐朝对禄东赞的到访也给予了极高的礼遇，唐太宗亲自接见禄东赞，而且著名大画家阎立本还奉命将两人会晤的场景描绘下来，这就是今天尚能见到的著名的《步辇图》。

这幅画中唐太宗坐在宫女们所抬步辇之上，正出来接见禄东赞。而禄东赞就是左侧三个人中位于中间的那一个。他正毕恭毕敬等待唐太宗。双方所洽谈的，就是文成公主出嫁之事。唐太宗特地让阎立本把这个场景描绘下来，可见唐太宗有多么重视此事。后来这幅画成为中国绘画史上的名作。

吐蕃举国上下对此事也是无比重视，甚至还衍生出很多传说，有所谓"六试婚使"的传说。就是说唐太宗故意给禄东赞设置了六道难题，要试试婚使聪明与否，结果禄东赞全都巧妙应对，最终成功将文成公主迎到了吐蕃。

哪六道难题呢？

第一道难题，珠眼穿绫。据说当时向唐朝求婚的外国使节很多，唐太宗提出一道题，看看这些使节谁能解，于是拿出了一颗明珠，上面有九曲孔洞，也就是说那窟窿眼曲里拐弯的，看你们谁能把这条绫从这个眼里穿过去。一大群使者焦头烂额，谁都没办法。禄东赞坐在一棵大树下想办法，忽然看见一只蚂蚁，于是他灵机一动，将丝线的一头系在蚂蚁的腰上，另一头则缝在绫上。然后再在珠子洞眼一端抹上蜂蜜，把蚂蚁放在另一端，蚂蚁受到蜂蜜的香味的吸引，于是爬进孔洞，然后从另一边爬了出来，丝线过来了，手一拉，那条绫也就随着穿过了。

第二道难题，辨认母子。唐太宗让人牵了一百匹母马和一百匹马驹，让使者们分辨哪个是哪个的妈妈。使者们有的按毛色分辨，有的按照高矮分辨，都弄错了。禄东赞把母马和马驹分开，不给马驹喝水，到了辨认的时候，禄东赞命令把马驹放开，马驹口渴难忍，纷纷跑过去找自己的妈妈喝奶，这样母子关系就一目了然了。唐太宗紧跟着又拿出一百只母鸡和一百只小鸡，让他们分辨母子关系。母鸡不会喂奶啊，看你咋办。又是禄东赞有办法，他给母鸡喂食，母鸡一看到吃的就赶紧咯咯叫，召唤小鸡来吃食，小鸡们就都聚集到了各自母亲身边。个别小鸡不听话，还在乱跑，禄东赞发挥口技特长，学老鹰叫，这下子小鸡们吓坏了，纷纷躲到自己妈妈翅膀下，这下就把母子关系分辨出来了。

第三道难，酒酣耳热鞣羊皮。唐太宗要求各国求婚使一日内喝完一百坛酒，吃完一百只羊，同时还要把羊皮鞣好。比赛开始，别的使者和随从把羊一宰，然后大碗喝酒，大口吃肉，不一会儿就醉了，鞣皮子早被抛到脑后了。禄东赞则和自己的一百名骑士按照顺序杀羊，小口小口地咂酒，一块块吃肉，边吃边鞣皮子，这样就有个慢慢吸收、慢慢消化的过程，一天下来，酒也喝完了，肉也吃净了，羊皮也鞣好了。

第四道难题，分辨根梢。唐太宗拿出一百段松木，看着两头一般粗，一模一样，让使者们分辨哪头是树根，哪头是树梢。禄东赞令人将木头全部运到河边，投入水中。要知道，树干的各个部位密度不一样，树根那一头密度大，比较重，沉入了水中，树梢那头较轻，浮在水面上，这样一下子就分辨出来了。

第五道难题，辨认迷途。有一天晚上，唐太宗忽然传令，召唤各路使者赴宫中开会。其余使者都忙着赶路，只有禄东赞有心，他一边走一边在路边做记号。见到了太宗，太宗一挥手让他们立即回去，原来这又是一场测试，看看他们能不能走出宫中曲里拐弯的道路。结果只有禄东赞凭借事先做好的记号找到了回去的路。

第六道难题，辨认公主。唐太宗经过多轮考试内心已经有了把公主嫁给吐蕃的决定，但是他还要最后考验一下禄东赞他们。于是他亲自主持考试。不一会儿，有一大群身着华丽衣装、相貌相似的宫女分左右两队从宫中走出，远望过去如同花丛一般绚烂夺目。文成公主就在里面，问题是怎么辨认出来呢？禄东赞早有预备，事先就在公主奶妈那里得到了准确的情报，知道了文成公主的体貌特征：公主美丽，皮肤白皙，双眸有神，右颊有骰子点纹，左颊有莲花纹，额间有黄丹圆圈，颈部有一个痣。请注意，文成公主长什么样子，汉文史料里没有明确的记载，反倒是吐蕃传说中有过这样的描述，尽管可能有一些文学夸张，但是结合刚才看到的塑像，公主体态美丽应该是没问题的。禄东赞按照这个情报进行辨认，最后认定左边一队宫女的第 6 位就是公主。

经过这六轮考试，唐太宗下定决心将文成公主嫁到吐蕃。

但是这个"六试婚使"传说真实不真实呢？我觉得可能更多的是一种文学想象。原因有如下三个：

一是故事脱胎于戏剧文学。这个故事汉文史料无载，是吐蕃盛行的传说，最早是公元 7 到 8 世纪以戏剧形式出现的，后来才演变成文字作品，记录在《柱下遗教》《玛尼全集》《西藏王统记》《贤者喜宴》等诸多藏文书籍中，所有的读起来都很有戏剧性，那也就很可能掺杂了大量的艺术虚构。甚至藏文书籍中有关这个故事的版本也不一致，有的是六试婚使，有的是五试、七试，具体细节也有不同。可见人们在里面有不少加工。

二是违背唐朝制度。外交使节觐见皇帝有一套严格的程序，一般来讲只有礼仪活动皇帝才出席，或者谈判事宜敲定以后皇帝才会接见，或者有特别重大的事情，底下官员无法决策的，才由皇帝出面。皇帝亲自主持对外交使节的考试，而且还一轮一轮的，这在唐代历史上还没有先例。

三是违背当时形势。从当时的形势判断也不可能出现这种事，唐太宗决定和亲，是事前深思熟虑的结果，既然如此，为什么还要难为求婚使者呢？和亲的达成是松赞干布与唐朝双赢的结果，如此重大的外交决策，难道唐太宗会因为婚使不够聪明就把它推翻了？再说了，禄东赞聪明不聪明，也和文成公主出嫁没什么关系，又不是嫁给禄东赞。

所以综合以上我认为此事只是个美好的传说，不过这个故事反映出了吐蕃人民的心理——自豪。娶到这样一个美丽的公主，还来自皇皇大唐，吐蕃人民欢欣鼓舞，所以才对完成使命的禄东赞称颂有加。同时也为禄东赞在唐朝皇帝面前展现才干感到十分自豪。

的确，禄东赞个人是很有才干的，睿智沉稳，机敏果断。唐太宗非常欣赏他，拜他为右卫大将军，甚至还想把琅琊公主外孙女段氏嫁给他。禄东赞婉言谢绝，为什么呢？他说了：我们赞普还没有娶到文成公主，而且我在吐蕃有妻室，我怎么敢再娶呢？于是此事作罢，但太宗觉得他这样做很有分寸，又赞赏了一番。

这场婚事让唐朝与吐蕃的关系迅速升温。经过一段时间的准备，贞观十五年正月，松赞干布再度派遣禄东赞来接亲，唐朝这边派遣江夏王李道宗护送文成公主入藏。

江夏王李道宗是李世民的族弟，重磅级人物，曾被李世民称为三大名将之一。咱们开头说了，文成公主是宗室女，她的生父是谁不清楚，有学者认为极可能是李道宗，所以才让李道宗护送前往吐蕃。此番进藏，可谓艰苦，当时唐朝与吐蕃之间建立关系不久，还没有什么像样的道路交通网，路途遥远不说，文成公主他们一路要克服风霜雪雨，还要战胜高原反应，这个小女子就这样坚持下来了，真是值得钦佩。

经过长时间的跋涉，文成公主和松赞干布终于会面了。松赞干布早早就带着军队在柏海一带等候，望眼欲穿，终于等来了文成公主一行，这是令人激动的一幕。两队人马旌旗招展，人声鼎沸，欢歌笑语。松赞干布见到李道宗，立即下马执子婿之礼，李道宗是钦差，见到他等于见到唐太宗，松赞干布是女婿啊，所以执子婿之礼。

松赞干布见到文成公主和她的随从们之后，感慨万千，公主很美，很有气质，这一点让他感慨，而且唐人衣着华丽，您想象一下那场景，华丽衣冠，高头骏马，旌旗招展，在青藏高原蓝天白云映衬下，一定看起来宛如仙人一般。而且唐人个个都是彬彬有礼，一看就是大国风范，松赞干布觉得很高兴，并肩和公主一同返回拉萨的时候，他对手下说："我父祖未有通婚上国者，今我得尚大唐公主，为幸实多。当为公主筑一城，以夸示后代。"[1] 我们先祖从未有跟天朝上国通婚的，我现在娶到了大唐公主，实在是幸事，我要为公主单独筑一座城池，用来夸耀后世。

于是他就筑了一座城，屋宇华丽，请公主居住其中。而且他还仰慕唐朝文化，对吐蕃文化进行了一番改革。例如吐蕃人原来

1　见《旧唐书·吐蕃传》。

的风俗是赭面，也就是把脸涂成赭红色。公主觉得不雅观，松赞干布一看赶紧下令国内暂停赭面。原先吐蕃人都穿毛裘，这次看到大唐衣冠如此精美华贵，松赞干布以身作则，带着大臣们都开始穿唐朝的绫罗绸缎。

文成公主对吐蕃的政治、经济、文化各个方面都产生了长远影响，根据《西藏王统记》等史料记载，文成公主等带来了种植、养蚕、酿酒、制造碾硙、制陶、造纸、医药、天文历法等技术，大大促进了吐蕃文明的进展，改善了吐蕃人民的生活状况。

唐朝通过文成公主与吐蕃建立了良好的关系，很快，这种良好关系就在一件事情上得到了体现：文成公主出嫁六年后，唐朝大臣王玄策出使印度戒日王朝，没想到当时戒日王朝正在闹内乱，戒日王已死，戒日王臣下阿罗那顺篡位，还要抓捕唐朝使节。戒日王一向对唐朝很友好，而这个阿罗那顺则是一个野心家，他对唐朝很敌视，所以要抓王玄策。王玄策借机逃走，他并不是害怕，也并不打算逃回唐朝，而是想干一番事业。要大干一番你得有人啊，使节能带多少人，最多就是百八十个随从而已，而且还死的死，逃的逃。但是王玄策有主意，他一想，咱有人啊，咱唐朝有个女婿就在喜马拉雅山北面啊，于是他分别向尼泊尔和吐蕃借兵，向尼泊尔借兵是啥理由呢？你看，你家尺尊公主嫁给了松赞干布，我家文成公主也嫁给了松赞干布，咱就算亲家吧，现在亲家使者有难，你好意思不帮忙啊？松赞干布那里更不用说，女婿嘛，帮老丈人家出气是顺理成章的，于是尼泊尔派出七千士兵，吐蕃道远，来了一千二百士兵，王玄策率领着这八千人马，大破印度军，生擒阿罗那顺，将其献给了唐太宗。唐朝威震印度戒日王朝，这一切也和文成公主的和亲密切相关。

从这个事件上可以看出这段婚姻带来的政治效益。松赞干布和文成公主之后，虽然唐朝与吐蕃之间时战时和，但是"舅甥"关系始终不变。尤其是后来还有金城公主出嫁吐蕃，更巩固了这段关系。

应该说，文成公主带来的不仅是和平和友好，她还为吐蕃人的精神世界和物质世界带来了巨大的变化，也正因为这个缘故，西藏人民至今还在歌颂她，文成公主已经成为一个时代的符号。

高阳

第五讲

公

主

唐朝的公主大约是中国历史上各朝代中公主中最具性格的，性情多样令人眼花缭乱。下面我们就来看一个咄咄逼人且荒唐的公主——高阳公主。

　　高阳公主，唐太宗之女，生母为谁史无明文，但从太宗对其宠爱来看，其生母地位不会太低。唐太宗将其许配给房玄龄的儿子房遗爱。房玄龄自唐高祖晋阳举兵打到关中时就来投靠李世民，一直忠诚竭力，无论是建国战争还是玄武门事变，抑或是贞观治国，房玄龄都居功至伟。可以说没有房玄龄就没有贞观之治。

为了体现对房玄龄功绩的肯定，拉近君臣关系，太宗特地把爱女高阳公主许配给了房遗爱。这一对夫妻，从其性格来看，大约是女强男弱，高高在上的地位和太宗的娇惯使得公主养成了骄恣不论于理的性格。性格决定命运，高阳公主为这种性格最终付出了生命的代价。

太宗在世时的高阳公主，慑于父亲的威名，尚且不敢胡作非为，房家也为娶了这样一位公主而倍感自豪。房玄龄去世前，曾抱病写了很长的一篇谏词，告诫太宗不要再讨伐高丽，要适可而止，要顾惜民力和将士妻小，不要以意气之争来决定外交政策，言辞慷慨激昂。当时房玄龄已经垂危，自然无法亲自呈递奏折，担负起这个任务的极可能就是高阳公主。史书记载，太宗皇帝看到这封谏书很感动，对高阳公主说："此人危惙如此，尚能忧我国家。"[1] 他病成那样，还在操心我的国家啊。

房玄龄去世后，他的神道碑文里甚至还不忘提及这个儿媳，《全唐文》卷一四九《大唐故左仆射上柱国太尉梁文昭公碑》："高阳公主为其子妻。"可见高阳公主一直到此时还是婆家的骄傲。

房玄龄去世是在贞观二十二年（648）七月，他还不知道，就在他去世之后不久，高阳公主就由家族荣耀变成了家族之耻。

人的本性是很难掩饰的，太宗在位期间高阳公主还是能克制

---

1 见《旧唐书》卷六六。

自己的，但她的荒唐的举动也不是毫无迹象。

而在公公房玄龄去世后，她就开始在房家掀起波澜。这个波澜刚开始并不算大，仅限于家庭内部。当时她撺掇丈夫房遗爱和哥哥房遗直分家，而且还想找碴剥夺房遗直的爵位给自家——因为房遗爱不是长子，所以房玄龄爵位是由房遗直继承的。她不服，想尽办法要夺过来。这件事被房遗直举报到了太宗那里，太宗批评了高阳公主，高阳公主十分不服。

但是紧跟着另一件大事的发生使得太宗彻底失望，也使得高阳公主十分忌恨父亲。

有一天，长安城内发生盗窃案。司法人员在追捕盗贼过程中发现了一个金宝神枕，此物精美绝伦，一看就不是民间之物，必然是从宫廷或者达官贵人家流出的，有司审讯，盗贼供认是从高僧辩机那里偷来的，出家人本该六根清净，可是这个枕头是女人用的东西，而且一定是有身份的女性用的东西，辩机是从哪里得来的？有司将辩机逮捕，辩机经不住审问，交代说是高阳公主赠送的，由此奸情败露，舆论大哗。

要知道，这桩绯闻里的男女主角都不是等闲之辈，高阳公主自不待言，辩机在当时的名气比公主有过之而无不及，因为他是玄奘法师最器重的助手之一。他是京兆会昌寺僧人。原姓名、籍贯、生年不详。他回顾早年求学经历时曾说："辩机远承轻举之允，少怀高蹈之节，年方志学，抽簪革服，为大总持寺萨婆多部道岳法师弟子。"[1] 要说这个辩机跟房家打交道不算少，当时玄奘法师自西域取经回来，举国轰动，成为当时文化领域一大盛事，房玄龄奉太宗敕令为玄奘译经选取翻译助手，辩机入选为缀文大德九人之一，可见他早就为房玄龄所器重。在翻译《六门陀罗尼经》《佛地经》《显扬圣教论颂》《天请问经》中辩机担任笔受。同时帮助玄奘整理书写《大唐西域记》，这部书成了记载玄奘求法经历、西域和古印度风土人情的重要史料。他所撰写的《〈大唐西域记〉赞》至今还附在该书之后。

这样一个高僧大德，为何能与高阳公主相识并且私通？

根据《新唐书·合浦公主传》的记载，辩机在寺外有私宅，且私宅位于公主封地内。有一次公主和丈夫房遗爱一起在封地内打猎，遇到了辩机，一见钟情，就此发展成奸情。这里有个问题，房遗爱作为丈夫对此知情否？他是何种态度？

可以肯定，房遗爱性格是懦弱无能的，他的一生似乎都在受公主的摆布。再加上唐代上层社会妇女中绯闻并不少见，贞操观也没有后世那么严格，所以他对于强势的夫人的婚外情采取的是睁一眼闭一眼的态度，公主为了安抚他，"更以二女子从遗爱"[2]。公主也给辩机赠送了价值上亿的财宝。这其中就包括那个金宝神枕。而此枕的被窃，最终导致整个奸情的暴露。

1　见《〈大唐西域记〉赞》。

2　见《新唐书·合浦公主传》。

此事一出，御史直接上报给了太宗皇帝，太宗勃然大怒，一怒公主竟然私生活如此糜烂，二怒情人竟然是玄奘助手，出家人通奸原本就破坏佛家名誉，且对玄奘法师的声誉也有附带损伤，太宗焉能不怒？

于是太宗下令重办此案。辩机被腰斩，知情不报的十多个奴婢也被处死。但是唐太宗最终还是让步于私心，并没有处理高阳公主。

辩机之死让公主羞恼异常，她不是恼自己的所作所为，而是恼父亲的痛下杀手。此事之后不久，太宗驾崩，高阳公主竟然不哭。"太宗崩，无戚容。"这一方面体现出她对父亲的抱怨，一方面体现出此女骄横异常，连伪装都懒得做。

这场奸情引发的血案并没有让公主有所收敛，她的面首众多，史有明文记载的情人有僧智勖，此人据说善于占卜；又有僧惠弘，据说此人也有异术，善于视鬼；此外还有道士李晃，此人善于医术。他们都与公主有私情。

这里有个问号——高阳公主的情人为何皆是出家人？这与当时的文化背景有关。唐代妇女比较自由，社交较为广泛，但是男女之防还是要的，男女偶遇相谈没问题，但是要长久相处就必须有个借口，出家人可以讲佛法，行法术，经常出入达官贵人之家，有行动的方便。所以高阳公主的情人皆是出家人，就是这个缘故。后来武则天的第一个情夫薛怀义也是以僧人身份进出宫廷的。

高宗当了皇帝，高阳公主并不服自己的这个兄弟，在她看来，高宗皇帝性格软弱，又不是嫡长子。这次她的胃口很大，不仅要在房家称王称霸，还想在全天下称王称霸——她谋划要废掉高宗，另立荆王李元景为帝。李元景是何许人也？此人是高祖的第六子，换句话说是太宗的弟弟，高宗的叔叔，此人一直有野心，自己的侄子做了皇帝，他暗地不服气，曾在房遗爱等人面前声称自己做了一个梦，"元景尝自言，梦手把日月"[1]。梦见日月都在他手里，那不就是要当皇帝吗？这么个有野心的人，和有怨气的房遗爱、高阳公主联合起来，可谓一拍即合。

而且他们此时还找到了一批同党，当中就有柴令武夫妇。柴令武是开国功臣、凌烟阁功臣柴绍第二子，娶了唐太宗第七女巴陵公主。柴令武夫妇为什么和房遗爱、高阳公主他们联合起来呢？史籍记载非常有限，没有告诉我们具体原因，我们可以推测一下。我认为有两个原因：

首先，柴令武和房遗爱都不是家中长子，因此没有权利继承父亲爵位。对于他们来说，要想后来居上，只有出奇制胜。高阳公主曾撺掇过自己的丈夫夺取哥哥房遗直的爵位，可以用"不安其位"来形容其心态。自古大功莫过于拥立，所以古来新旧皇帝交替阶段，往往是野心家蠢蠢欲动的时刻。

---

1 见《资治通鉴》卷一九九。

其次，房遗爱、柴令武有前科，与高宗原本就是对头。太宗在世的时候他们曾参与过魏王李泰的夺位之争，当时魏王李泰和太子李承乾争位，暗地里曾经广结朝臣，"时皇太子承乾有足疾，泰潜有夺嫡之意，招驸马都尉柴令武、房遗爱等二十余人，厚加赠遗，寄以腹心"[1]。后来魏王李泰和太子李承乾双双被废，晋王李治也就是唐高宗成了笑到最后的人，所以说柴令武和房遗爱可能一直在担心高宗翻旧账，于己不利。

也正因为如此，他们才一拍即合。此时他们还得到了一个强力外援——薛万彻。薛万彻是太宗时期的猛将，也是驸马，因事受处罚被贬。此人原本就是个赳赳武夫，曾经是太子李建成的铁杆，玄武门事变后归降太宗。对于太宗他还是忠心的，但对高宗则不然，被贬导致他心怀怨气，因此跟房、柴等人走到了一起，明确表示说："若国家有变，当奉司徒荆王元景为主。"柴令武本来要去外地当官，但是此时借口说巴陵公主有病要在长安治疗，自己要照顾。他滞留在长安与同伙紧锣密鼓进行谋划。

这个集团阴谋的败露还是由高阳公主导致的。此人果然是个成事不足败事有余的，密谋如此惊天动地大事的同时，她还不忘跟丈夫的哥哥房遗直争夺爵位和家产，这就反映出她的小家子

---

1 见《旧唐书·濮王泰传》。

气，这种格局的人终究难成大事。

这次她突发奇想，欲以绯闻打倒房遗直，"使人诬告遗直无礼于己"，告房遗直非礼自己。桃色事件历来是政治斗争的工具之一，高阳公主来了这么一招，天可怜见，她一生以面首多而著称，没想到竟然能想起以"非礼"罪名诬告他人，可见桃色新闻这根棒子是多么顺手好用。但是这次房遗直也撕破脸皮了，在父亲刚去世时，弟弟、弟媳争爵位，他还曾经想退让，这次高阳公主做得太过分了，把他逼到了死角。公主不知，此时的房遗直手里已经掌握了他们夫妇二人的造反阴谋，这次官府问案，房遗直干脆一不做二不休，正式举报弟弟、弟媳谋反，并且表示："罪盈恶稔，恐累臣私门。"[1] 他们恶贯满盈，要是不告发，早晚要连累到我自家。高宗听了是大吃一惊，他刚当皇帝没多久就有这么大的一场阴谋，实在令人震惊。于是他派遣长孙无忌审理此案，长孙无忌当时是朝中第一臣，由他亲自审问，可见案件有多重大。

审讯的结果是谋反属实。而且长孙无忌也不地道，顺手把吴王李恪也诬陷为阴谋集团成员。李恪原本与此事完全无关，就因为太宗生前喜爱他，一度曾想传皇位给他，所以一直被长孙无忌记恨，借这个机会将他牵连进来。而且有证据表明，长孙无

1　见《资治通鉴》卷一九九。

忌所利用的就是那个懦夫房遗爱。房遗爱一生懦弱怕事，事到临头又到处乱抓救命稻草，此事在《册府元龟》卷一五二有记载，当时唐高宗亲自问案，对房遗爱说："与卿亲故，何恨遂欲谋反？"

房遗爱曰："臣包藏奸慝，诚合诛夷。但臣告吴王恪，冀以赎罪。窃见贞观中，纥干承基、游文芝并与侯君集、刘兰同谋不轨，于后承基告君集，文芝告刘兰，并全首领，更加官爵。"意即自己罪责属实，诚当万死，但自己举报了吴王李恪，希望能将功折罪。他还列举了贞观时期李承乾、侯君集谋反案中的同等事例，纥干承基是太宗原太子李承乾的人，与太子谋反事件有关。贞观十七年（643）四月，纥干承基上书告发太子谋反。唐太宗准其将功折罪，于是纥干承基被任命为祐川府折冲都尉，封爵平棘县公。刘兰也曾参与这场谋反，当时户县县尉游文芝因罪下狱当死，告发其阴谋，刘兰以谋反腰斩，游文芝免罪。房遗爱希望高宗援例处置。

但高宗曰："卿承籍绪余，身尚公主，岂比承基等，且告吴王反事，无乃晚乎？"你是驸马，与我关系亲近，岂是纥干承基、游文芝可以比拟，意思是你谋反的话罪过更大，而且你现在举报吴王，为时晚矣。

房遗爱这种软弱无骨气的举动大概也能侧面说明他为啥会被高阳公主牵着鼻子走吧，被一个充满野心又无能的老婆牵着走，势必堕入地狱。

永徽四年（653）二月，案件审结，"诏遗爱、万彻、令武皆斩，元景、恪、高阳、巴陵公主并赐自尽"。一代"天骄"高阳公主就这样死去了。

唐高宗显庆时，又追赠高阳公主为合浦公主。高宗这样做的动机史无明文，无从推测，大概可以理解为毕竟"血浓于水"吧！

太平

第六讲

公

主

太平公主的青少年时代

太平公主名气实在是太大了，除了她是武则天的女儿之外，她本身也有极为丰富的事迹。她是武则天的子女中最像母亲的，也是最有可能继承武则天事业的。但是也没能逃脱悲惨的命运。而这一切都与她的青少年时代密切相关。所以这一讲咱们重点讲述她的青少年时代。

　　她的大名并不清楚，说到这里，要拨正网上的一个盛行说法，即所谓太平公主名字叫作李令月。这是一个乌龙，网民认为她叫李令月，是因为《全唐文》里有崔融《代皇太子上食表》："臣某言：伏见臣妹太平公主妾李令月嘉辰，降嫔公族。诗人之作，下嫁于诸侯；易象之兴，中行于归妹。"问题是这里断句应该是"太平公主妾李，令月嘉辰……"令月对应的是嘉辰，黄道吉日好日子的意思。臣妾＋姓，或者妾＋姓，是魏晋隋唐妇女常见的自称，甚至在唐中前期是公主上表的标准格式。唐宰相李德裕有《论公主上表状》："右，臣等伏见公主上表称妾李者。伏以臣妾之义，取其贱称，家人之称，即宜区别，因循旧章，恐未为得。臣等商量，今日以后，公主上表，从大长公主以下，并望令称某邑公主第几女上表，仍不令称妾。所冀臣子之道，因此正名。郡主、县主，亦望准此。未审可否？"也就是说，在李德裕（787—850）时代之前，唐代公主常称"妾李"或者"臣妾李"而不加名字，甚至李德裕反对的也不是只称姓不称名，而反对的是自称"妾"或者"臣妾"。那么崔融代拟的太子上表中太平公主称"妾李"就是符合当时规范的格式。

而且这样的称谓不仅在唐代，在整个中古时期都不乏例证，古代妇女经常没有大名，或者有名而不使用，称"妾＋姓"。比如《魏书》卷六七："敕光为诏，光逡巡不作，奏曰：'伏闻当刑元愉妾李，加之屠割。妖惑扇乱，诚合此罪。但外人窃云李今怀妊，例待分产'"。这里把李氏称为"妾李"。《陈书》卷一九："余臣母子，得逢兴运。臣母妾刘，今年八十有一，臣叔母妾丘，七十有五，臣门弟侄故自无人，妾丘儿孙又久亡泯，两家侍养，余臣一人。"这里一口气把自己母亲称为"妾刘"（这里妾是谦称），叔母称为"妾丘"，都没有称其名字，只称姓氏。可见这样的称谓并不罕见，只是一般只在皇帝面前如此称谓。

怎么定义太平公主的青少年时代呢？从什么时候到什么时候呢？这得先确定她的生年。咱们说她生年绝对不是流水账，而是因为她这个出生年份决定了她的命运。

史书中没有明确记载她的出生年月，学界有一些猜测，基本上可以确定她生在公元663到664年之间，因为她上面有四个哥哥，其中四哥李旦生于662年6月，那么满打满算太平公主也不会生于663年之前，而且也不会生于664年3月以后，为啥呢？因为这一年3月高宗下令追封长女为安定公主。既然说"长女"，那言下之意一定已经有次女了，那么次女是谁呢？就是太平公主，所以太平公主的生辰应该在此之前不久。

说这个是强调一下太平公主的排行对她一生的影响。武则天一生四子二女，太平是宝贝疙瘩，最小的一个。

武则天这个人没有一般女性的儿女情长，她做事决绝，毕竟在男权社会里她做事不绝就不会成为武则天了。所以她很难说对子女有正常人的母性，但是她对太平公主则非常喜爱，可以说几乎把对儿女所有的爱都集中在她一人身上了。我想原因有如下几个：

原因一：太平公主酷似自己。

《旧唐书》记载说："公主丰硕，方额广颐，多权略，则天以为类己。"也就是说公主体态丰满，额头和脸蛋都很饱满方正，要不是这条史料，咱们也不知道武则天长什么样，因为史料中也没有记载过武则天的相貌，只知道她是个美女。那从她和女儿相貌类似这一点上来说，武则天也应该是方额广颐。而且太平公主心眼多，脑袋灵，武则天觉得她性格也像自己。

原因二：弥补失去长女的缺憾。

在太平公主之前武则天曾有一个女儿，就是刚才提到的安定公主。这个孩子在襁褓之中就夭折了。而且这个事件很大，惊天动地。为什么这么说呢？这事儿很著名，很多史料中都说这个孩子是被武则天自己掐死的，以嫁祸给当时高宗的正宫皇后王皇后。不过这事儿本来就存疑：首先，史料记载不一，有的说是武则天杀的，有的则只说公主死了。其次，后来废掉王皇后的诏书里没提这事儿，《资治通鉴》卷二〇〇记载了这道诏书："王皇后、萧淑妃谋行鸩毒，废为庶人，母及兄弟，并除名，流岭南。"只说王皇后和萧淑妃谋行鸩毒，假如所谓"杀女"属实，又已经嫁祸给王皇后，为何不继续用这个罪名，而要捏造一个子虚乌有的"谋行鸩毒"？最后，逻辑上讲不通。据说武则天是瞒着所有人悄悄掐死自己的女儿的，可是问题在于武则天断然不可能给别人说这事儿，那么谁看见了？这件事不能排除是那些讨厌武则天的人给她编织的罪名。尤其是宋代的士大夫，对于武则天无比厌恶，因此对《新唐书》《资治通鉴》中不利于武则天的史料一般都采取相信的态度。但小公主的死很可能是正常死亡，那时候婴儿夭折率很高的。

但是不管怎么样，失去长女对于武则天来说一定是个打击，尤其是那个时期也正是她和王皇后、萧淑妃宫斗如火如荼的时候，这个精神打击不小，所以她对太平公主的爱或许也有点弥补这个创伤的意思。要说也有意思，为了扫清政治障碍，四个儿子杀了两个、流放一个，母子之情在这里仿佛就是空气。但是武则天对太平这个女儿的爱是发自肺腑、始终如一的。

但是，武则天毕竟是武则天，太平公主毕竟是太平公主，她们都有着不同凡响的人生。太平公主的一生始终笼罩在母亲的影子之下，她从母亲这里得到了很多的人生经验，也深受母亲盛名的牵累，可以说所谓像武则天这一点，既是她的财富，也是她的枷锁。

本章不打算讲太平公主一生的事迹，我们专门分析一下太平公主的青少年时代，这个青少年时代怎么算呢？我想应该从她出生开始算到武则天登基，武则天是 690 年登基的，此时太平公主大约是二十七岁，我们平时看太平公主主要是看她最为风光、呼风唤雨的那段时光，那是从武则天晚年到唐中宗、唐睿宗时期的事情，太平公主的个性、才干都展示在这个阶段，那么此前的太平公主有哪些事迹？她的所作所为难道从无征兆和根基吗？没有个发展过程吗？有，可以说，太平公主的青少年时代决定了她的一生，她的优点、缺点，她的辉煌和失败都在这个时期埋下了伏笔。现代心理学家特别重视人的青少年时代对人的精神状况的塑造，太平公主自然也不会例外。

这一段时间太平公主有什么样的经历呢？什么因素影响了她的人格和世界观的形成呢？

我觉得主要有两点，可以说一正一负两点：

第一点，武则天对公主的影响塑造了公主的性格。

太平公主是最小的孩子，加上那些因素综合作用之下，武则天几乎把所有的感情都倾注到她的身上。公主从小生活在蜜罐里，而且变得非常自信。这也符合现代儿童教育理论，现代儿童教育理论认为人有无自信心和儿时是否受到充分的关爱和肯定密切相关。当然，我这里说的关爱是正确的爱，不是溺爱。溺爱培养出来的不叫自信心，而叫张狂。太平公主她的母亲可能缺乏真正的自信心，可能有人反问——武则天要没自信能干出那么大的事业？其实武则天根本上来说是缺乏安全感的，这与少年时代不愉快的家庭生活密切相关，她小时候父亲去世，同父异母的哥哥们没少挤对她，武则天性格执拗，顽强抗争，看起来很自信，其实她是用这种自信在掩饰内心那种安全感的缺失，所以我们可以看到武则天掌权后总是怀疑有人不服，有人要加害她，大搞酷吏政治，大力抬高武家的家族地位，甚至不惜造假，说白了就是一种安全感缺失的体现。她一个女性在当时能干出这么大的事业，全靠聪明才干以及对命运的顽强抗争。要我说，武则天是到了晚年，皇帝都已经当了一段时间了才逐渐有了安全感，才有了真正的自信。其标志就是酷吏政治的结束。

再看太平公主的一生，我们可以明显感受到那种从容的自信，公主做事基本上都是主动出击，很有一种舍我其谁的感觉，而且该豁达大度的时候也很豁达大度，比如她资助天下有才华的贫困文人，四处布施，也没有她母亲那种疑神疑鬼的心态。这与武则天和高宗皇帝从小对她的关爱是分不开的。

而且公主很聪明，这和遗传因素有关，也和从小受到的良好教育有关，公主的聪明还不是一般文人那种小聪明，而是政治家的那种聪明，所以武则天觉得自己这个女儿很厉害，经常把一些军国要务拿来和她商量，而且这些事往往不见于史料记载。太平做出过哪些决策，我们不清楚，《旧唐书》说武则天严令保密，公主参与决策的很多事情不得外泄，可以这么说，武则天时期很多机密要务，尤其是一些没法交给朝廷里大臣去办的事情，太平公主都有参与。她在这个过程里得到了充分的锻炼。后来武则天去世了，唐中宗掌权了，韦皇后和上官婉儿是她的对立面，这两个女人本来也很厉害，尤其是上官婉儿，堪称才高八斗，文坛领袖，在政坛里也摸爬滚打这么多年了，但是她们仍然觉得太平公主才干在自己之上，可见太平聪明能干的程度。

而且武则天得登高位这件事对于太平公主来说也是个巨大的

鼓舞。北朝以来妇女地位本来就高，女性主政在北方游牧民族里是常事，唐代也深受其影响，所以女性参政议政很普遍，而武则天的成功更是大大鼓舞了唐朝妇女们，尤其是她身后，不止一个女性觊觎皇位，这是中国历史上独一无二的景象。安乐公主——武则天的孙女——就说过这么一番话，充分代表了这样的思想："阿武子尚为天子，天子女有不可乎？"[1]阿武子就是武则天，武则天一介小女子，普通官宦之后，尚且可以当天子，那我一个皇女有何不可？安乐公主性格张狂，所以能直呼祖母的诨号，太平公主虽然说话不至于如此混账，但是也有这样的潜意识。但是很有意思的是，实在很难说她想当女皇，还真没这样的史料证据，连她的政敌在她死后也只指责她弄权擅权，也没说她想当女皇，只是想掌权。要我说这还是武则天对她的影响的体现，为什么这么说呢？因为即便聪明睿智雄才大略如武则天，最后也只能落得一个被迫退位的结局，武周王朝也一届而终，说白了武则天所追求的阴阳易位、乾坤颠倒最终还是没成功，所以太平公主很有可能汲取了母亲的教训，掌权，但不追求称帝。

可即便如此，她的这种权力欲还是给自己带来了大麻烦，李隆基是一个以消灭女性干政为己任的人，他对韦皇后、安乐公主、上官婉儿、太平公主的态度是一以贯之的，那就是不让她们

---

1 见《新唐书·安乐公主传》。

掌权，与她们斗争。所以说太平的命运早早就已经埋下伏笔，可是她有得选吗？她没得选，自小生长在皇宫里，又是武则天的女儿，她能完全摆脱权力对自己的诱惑吗？不可能。

这里我们要说句公平话，史籍里有关太平公主的描述多半是来自胜利者的笔下，胜者为王败者寇，那些有关太平公主生活奢侈、滥用小人的记载不可尽信，而且这么说吧，您要是承认武则天时期是一个相对来说稳定发展的，上承贞观之治、下启开元盛世的时代的话，您就得承认太平公主的贡献，因为刚才提到了，武则天时代很多政事都有她的参与。她是一个有贡献的人，不是一个只会弄权的人。

第二点，政治斗争的险恶使得公主养成了将明哲保身和积极进取结合起来的人生哲学。

人生百态和政治斗争的残酷对于太平公主的青少年时代也有着巨大的影响，她很早就接触到了人心险恶，也亲历过残酷的斗争。因此对她来说，怎么把安全和自己那种带有霸气的性格结合起来就是一个现实的问题。可以说，太平公主的人生前半阶段经历过一个韬光养晦的时期，后半阶段则是积极进取的时期。我们分别来看一下。

太平公主小时候就有过一次有惊无险的经历，说出来很龌龊，很不体面。怎么回事呢？这事儿与她的一位表哥有关，武则天姐姐韩国夫人之子贺兰敏之，是有名的帅哥，也是唐朝历史上有名的变态，特别喜欢拈花惹草，而且这口味很独特，《旧唐书》记载说他"烝于荣国夫人"，也就是说他和他外祖母有私情。这还不算完，此人仗着武则天的势力，随心所欲，胆大包天，高宗和武则天为太子李弘挑选了大臣杨思俭的女儿作为太子妃，还没举行婚礼呢，贺兰敏之竟然找机会逼奸了未来的皇后，害得高宗和武则天不得不临时换人。这是旷世未有的大丑闻。而且他还把魔爪伸向了太平公主，太平公主小时候去自己的姥姥荣国夫人那里玩，随行的宫女，贺兰敏之竟然一个也不放过，全部逼奸。有资料说他实际上是想对太平下手，但是没成，太平公主躲过一劫。

除了好色，贺兰敏之还贪污，让他给荣国夫人追福用的那些财物他竟然也贪污了，最后武则天忍无可忍，主动向高宗请求将其流放到了岭南，贺兰敏之自缢而亡。此事发生时太平公主七八岁的样子，此事对她造成多大影响不清楚，她有何反应史书上没有记载，但是起码能告诉她身边不是只有鲜花和友善，还有险恶与肮脏。

太平公主的两段婚姻对她的影响也是无比巨大，可以说让她充分感受到了人生百态。

太平公主长大后想嫁人，又不好明说，故穿武官服在高宗和武则天面前晃荡，《新唐书·太平公主传》："主衣紫袍玉带，折上巾，具纷砺，歌舞帝前。帝及后大笑曰：'儿不为武官，何遽尔？'主曰：'以赐驸马可乎？'帝识其意，择薛绍尚之。"下面这幅画是唐代壁画《观鸟捕蝉图》中的男装女子，可供我们想象当时太平公主的样子：

之所以选中薛绍，主要还是看上了薛家门第好，世代与皇室通婚，当属"政治合格"。

薛绍，出身河东薛氏，属于中古时期的名门望族。薛氏起源有两说：一是兖州薛氏之后，一是蜀地薛氏。陈寅恪、唐长孺认为是蜀薛，毛汉光《中国中古政治史论》第三篇《中古家族之变动》则认为证据不足。蜀汉灭亡后，薛齐率领族人五千户迁居河东，由此形成河东薛氏。

河东薛氏有南房、西房、北房三支，名人辈出。其中薛仁贵属于南房，薛万彻属于北房，而薛绍属于西房。

薛家与皇室通婚有悠久历史。北魏时期，河东薛氏家族西房薛洪祚尚文成帝女西河长公主。入唐后，薛氏家族经常与皇室通婚。根据《薛振行状》记载："神尧皇帝（唐高祖）婕妤河东郡夫人，公之姑也。"薛振即薛元超，薛元超本人尚巢王（李元吉）女和静县主。薛稷之子薛伯阳尚仙源公主，伯阳之子薛谈尚常山公主。薛瓘尚太宗女城阳公主，瓘子薛绍尚太平公主。薛愿尚惠宣太子（唐玄宗弟李业）女宣郡县主。

薛绍本人生于 660 年左右。祖父是薛怀昱，父亲是薛瓘。薛瓘迎娶的是唐太宗的女儿城阳公主。在此之前城阳公主的丈夫杜荷（杜如晦之子）因为参与太子位之争被杀。

唐代的婚礼，遵循的是古来传统，即黄昏成婚，偶有白天结婚者，皆出于特殊原因。城阳公主嫁给薛瓘前占卜结果不利，卜者认为只有白天结婚才可避灾，《新唐书》："初，主之婚，帝使卜之，繇曰：'二火皆食，始同荣，末同戚，请昼昏则吉。'"即夫妻不能善始善终，且结局类似。马周坚决反对违背礼制，太宗决定不依卜而行，依旧黄昏成婚。

后来公主夫妇因为巫蛊案（具体案情不详）遭到流放，咸亨二年（671）五月十六日，城阳公主薨于房州，不久薛瓘也卒于房州。夫妻棺椁双双返回长安，果然"末同戚"。薛绍就是他们的第三个儿子。

永隆二年（681）七月（结婚月份依据《南部新书》），薛绍迎娶太平公主。婚礼仪式十分盛大，"自兴安门（大明宫之门）南至宣阳坊西，燎炬相属，夹路槐木多死"。

出于尊重传统，唐代结婚都要在空地搭棚子，加上宾客车马，很占地盘的。太平公主与薛绍结婚的时候，新房选在平康坊，宾客太多，空地根本不够用，武则天要求借用附近宣阳坊的万年县衙，还要拆掉县衙的大门。唐高宗指出那大门是隋朝宇文恺亲自设计建造的，不宜拆毁，于是改为拆围墙。

公主嫁到薛家之前，就曾引发一番风波。当时武则天对薛家的另外几个媳妇不满意，一是薛顗的老婆萧氏，二是薛顗弟弟薛绪的老婆成氏，武则天认为不是贵族出身，她说"我女岂可使与田舍女为妯娌邪"，即我女儿怎么能跟农村妇女当妯娌呢？但是有人劝告曰："萧氏，瑀之侄孙，国家旧姻。"萧瑀是南朝萧氏，虽然不是山东旧士族，但是南朝的贵族。劝了这么一番以后，武则天才勉强接受。

此事对于薛家仍然颇有冲击。家族中辈分比较高的薛克构说："帝甥尚主国家故事，苟以恭慎行之亦何伤。"[1]咱们就小心点吧，想来也出不了什么大事，然后他就紧跟着引用了一句民谚："娶妇得公主，无事取官府，不得不为之惧也。"意思是娶媳妇娶了个公主，就等于把官司娶回家了。此番话展现出薛家的无奈。

薛绍与太平公主的婚姻持续了约八年，育有二子二女，二子为薛崇胤、薛崇简，女为薛氏和万泉县主*。

当时还出现了一件令薛家耿耿于怀的事情，当时高宗已经去世，武则天已经掌握大权，有了面首冯小宝，因为冯姓是小姓，于是武则天让冯小宝改姓薛，与薛绍通谱，改名薛怀义并且强行让薛绍尊薛怀义为叔父辈，"后召与私，悦之。欲掩迹，得通籍出入，使祝发为浮屠，拜白马寺主。诏与太平公主婿薛绍通昭穆，绍父事之"[2]。薛家虽然不敢表示什么，但在重门第的古代，

1　见《资治通鉴》卷二〇二。

2　见《新唐书》卷七六《则天武皇后传》。

薛家一定为此蒙羞。

很快祸起萧墙，武则天在接连遭逢徐敬业叛乱和唐朝宗室叛乱后，大搞酷吏政治，而薛家因此倒霉。

问题还是出在薛绍的哥哥薛顗身上，薛顗心向李唐皇室，而且太平公主初来时那场"休妻风波"可能也让他十分不满，因此参与了唐朝宗室举兵，与琅琊王李冲通谋，秘密招兵买马，欲加以响应。李冲失败后，薛顗就被发现，下狱处死。薛绍也遭到牵累。

至于薛绍是否参与此事，新旧唐书给予了不同说法。

《旧唐书》卷一八三《武攸暨传》："太平公主者，高宗少女也。以则天所生，特承恩宠。初，永隆年降驸马薛绍。绍，垂拱中被诬告与诸王连谋伏诛。"称薛绍遭到诬陷。

《新唐书》卷八〇《李冲传》："济州刺史薛顗与其弟绍谋应冲，率所部庸，调治兵募士，冲败，下狱死。"即薛绍也参与了预谋。

《资治通鉴》卷二〇四："济州刺史薛顗、顗弟绪、绪弟驸马都尉绍，皆与琅琊王冲

*万泉县主（686—710）：唐高宗李治和武则天外孙女，卫尉卿薛绍和镇国太平公主第二女。十一岁下嫁豆卢光祚，有男豆卢建。其墓早前在咸阳洪渎原被发现，距离上官婉儿墓和薛绍墓均不远。

通谋。颙闻冲起兵，作兵器，募人；冲败，杀录事参军高篡以灭口。十一月，辛酉，颙、绪伏诛，绍以太平公主故，杖一百，饿死于狱。"也认为薛家三兄弟皆参与了举兵预谋。

总之，薛绍被下了大牢，武则天因为他是驸马，不好直接处死，于是打了一百杖，将其饿死狱中。

薛绍的儿子中，薛崇简值得一提，他与李隆基关系好，曾参与唐隆政变，和李隆基一起冲入宫中杀死韦皇后、安乐公主和上官婉儿，因此而立功。太平公主在与李隆基的斗争中失败，"公主诸子及党与死者数十人。薛崇简以数谏其母被挞，特免死，赐姓李，官爵如故"[1]。

实际上，薛崇简墓志《大唐故袁州别驾薛府君墓志铭并序》[2]告诉我们，薛崇简仍然受到太平公主牵累，李隆基在处理太平公主余党时心狠手辣，薛崇简虽然对他有功，也只是免死罢了。更何况薛崇简娶了武三思的女儿为妻，更让李旦、李隆基一系感到不舒服。公主失败后，薛崇简就出为山西蒲州别驾，又贬谪溪州（今湖南龙山）数年。谪居期间，其妻方城县主武氏于开元十二年（724）病逝于溪州；妻亡后起复为袁州别驾，九月二十三日就随亡妻而去，病逝于袁州官舍。

2019 年 11 月，薛绍墓在陕西被发现，从传世文献和薛绍墓

---

1 见《资治通鉴》卷二一〇。
2 薛崇简墓志：1954 年出土于咸阳市底张湾，现藏于西安碑林博物院。

志来看：一是薛绍曾为章怀太子服务，这点犯忌讳，不出事则已，一旦出事就容易被人利用，因为章怀太子就是武则天处死的。武则天搞死上官仪的借口之一就是上官仪曾经担任过陈王（李忠）咨议。二是太平公主作这个墓志的时候还是不愿意把丈夫之死与母亲相连，而是归罪于薛怀义和周兴，但传世史料并未这样记载。

薛绍墓有官方毁墓的迹象。这也不奇怪，唐朝政治斗争失败者不仅身死，家人或亲旧受牵累遭到毁墓的也屡见不鲜，例如徐敬业起兵失败后，武则天下令"追削敬业祖（即李勣）、父官爵，剖坟斫棺，复本姓徐氏。"[1]

垂拱中郝处俊孙、太子通事舍人郝象贤坐事伏诛，郝处俊也遭到毁墓。

唐睿宗继位后，清洗武三思余党，武三思、武崇训父子墓遭到平毁。韦皇后父亲韦玄贞"荣先陵"也遭到平毁，唐玄宗天宝年间再遭挖掘。

太平公主第二位驸马武攸暨早于太平公主去世，公主失败后，李隆基"令平毁其墓"[2]。

2013年发现的上官婉儿墓也有官方毁墓迹象，据分析也是李隆基所为。

薛绍作为太平公主前夫，虽然是因为唐朝宗室叛乱遭害，但

1　见《旧唐书》卷六七。

2　见《旧唐书》卷一八三。

是其"公主前夫"的身份看来还是令李隆基耿耿于怀。

太平公主就这样成了寡妇，那一年她25岁左右。不久，武则天又给她选了一个女婿——武攸暨，武攸暨是武则天伯父武士让的孙子，年龄呢与太平公主基本相当。为啥要选择他呢？恐怕还是受到薛绍事件的影响，自家的女婿都反叛了，这还了得？对于武则天来说，此时她选什么人都要首先考虑所谓忠诚度，此时的武则天最疑神疑鬼，也是遭遇困难最多的时候，所以她很在意这个。那么武攸暨作为武家子弟，是绝对不可能反叛的，再加上年龄、品质都还不错，唯一的障碍是——他已婚。但武则天有办法，找了个借口把武攸暨老婆处死了，然后把太平公主嫁过去了。

武攸暨后来和太平公主育有二子一女，而且是寿终正寝，这门婚事算是比较稳定的。这两场婚姻，我想一定对太平公主的人生观产生了巨大的影响，这个时间段刚好是她由少女到成人的阶段，两场婚姻简直就是时代的缩影：自己母亲的强势与咄咄逼人、朝中的反叛与酷吏政治，个人的命运好像是小船，被抛到了惊涛骇浪中。与此同时，她也感受到了自己的地位所带来的显赫和荣耀。此时的她享尽荣华富贵，就连封户都比一般的公主高出好多。

自己的母亲要称帝，这个趋势已经很明显了，自己该怎么办？自己的身边也发生过种种风波，甚至哥哥、丈夫也死于非命，自己该怎么办？酷吏政治盛行，人人自危，自己该怎么办？我想这对于逐步成熟起来的太平来说都是需要解答的问题。

史料有关她这个阶段内的思想状况没有多少笔墨加以描述，不过在《旧唐书》里有这么一段话值得注意："公主亦畏惧自检，但崇饰邸第。"也就是说，这个阶段内的太平公主采取的策略是韬光养晦，除了把自家房子弄得很漂亮之外，基本上处于蛰伏状态。她很聪明，很有才干，而且身为皇女，人脉自然也没得说，按理说完全可以在政坛呼风唤雨，但是她选择的是韬光养晦，不是不想有所作为，而是时机不到，她用这种方式明哲保身，在那个酷吏横行的时代首先要保护自己。但是，武则天赋予她的基因使得她绝不甘心当一个普通的小女子，相夫教子。终其一生，她一定要大展宏图，而她选择的途径是靠着帮助母亲逐步走上政坛，这就是前面提到的她帮助武则天处理国务，从这个阶段就开始了。然后逐步发出自己的声音，最后甚至逐步改变了母亲的思想和作为。

太平

第七讲

公
主

公元 713 年 7 月，在终南山的一座寺庙里，太平公主孤单地坐在佛殿中沉思。寺庙外，她的敌人李隆基派来的军队将寺庙围了一个水泄不通，一连几天，他们都在静静等待这个在政坛上失败了的女人，他们在等待她自动走出庙墙。史料没有告诉我们她在想什么，但是可以设想，她一定在回顾自己的一生。自己这一生有得选吗？是当一个默默无闻、与世无争的公主，还是当一个强势进取、积极干政的武则天第二。而她自己是怎么走上第二条路的？如无这一切，她自己是否可以避免今天的悲剧？

这一切都没有答案了。正如我们所论述的，太平公主的前半生是小心翼翼的，也没有过多地干政。尽管在很多决策方面帮助过自己的母亲，但总的来说还是站在母亲背后的。甚至可以说一直笼罩在自己母亲的身影之下，这个母亲太强势了，尽管母亲对自己的爱是全心全意的，但是太平也不敢有丝毫的怠慢，毕竟几个哥哥的前车之鉴放在那里。所以在这个阶段内，她最多就是生活奢侈点，不敢有太多的举动。

但是变化也在此时酝酿，太平公主毕竟是武则天的女儿，那种争强好胜、积极参政的心态几乎可以说是天生的。说实话，女性积极参政议政是好事，搁着现代人看来是文明的体现，唐代妇女地位比较高，因此女性就有了参政议政甚至当皇帝的念头。但不论怎样，妇女地位再高，那时也是男权社会，所以武则天的上位才会引起那样的轩然大波。更重要的一点是，有关武则天的历史记载多半都经过后人的渲染，唐代对武则天尚有较为公允的评断，比如武则天死后很久，唐朝人还称赞她，说她在位期间，"天下晏如不让贞观之世"[1]。可是后世就不行了，尤其是宋代的知识分子，特别讲伦理纲常，所以很反感武则天，因此武则天的缺点被他们无限放大，比如她的酷吏政治、她的私生活等，于是最像武则天的另一个女人太平公主的形象也好不到哪里去。但是即便如此，您可

---

1 见《全唐文·狄梁公祠碑》。

以看到，对于太平公主的批评也主要集中在从武则天去世到她被李隆基发动政变消灭为止，这个阶段内的太平公主当然很强势，而且很主动，所以才引起更多的诟病，但是在此之前呢？事迹不算太多，但是变化也在此时酝酿。在我看来，太平公主通过两件事完成了自我的蜕变，走上了权力之路。

第一件大事，铲除薛怀义。

我把这件事看作是太平公主与母亲特殊关系的典型例证，她有着其他人没有的特殊身份，所以就能完成别人无法完成的事情。她通过铲除薛怀义登上了政治舞台，不仅锻炼了自己，也让别人看到了这个小女子的手腕。太平公主大概也就是通过此事初步实现了自身价值。

为什么说处理薛怀义必须得太平公主这样的人来呢？那是因为薛怀义的身份特殊。他是武则天的面首，也就是男宠。原本他是街头的一个货郎，本名冯小宝，在洛阳市场上卖药为生，此人长得相貌堂堂，孔武有力。刚开始，他和千金公主的一个侍女有了暧昧关系，于是千金公主注意到了这个人。千金公主是一个颇有心机的女人，她辈分很高，是唐高祖的女儿，换句话说辈分比武则天还高呢。但是她特别会来事儿，特别会拍马屁，会投其所好，就是她把冯小宝介绍给了武则天。

现代有些影视剧描写说薛怀义是太平公主献给母亲的，那不对，是千金公主。这位千金公主脸皮不是一般的厚，武则天登基前后，李唐宗室死的死，流放的流放，她呢，就靠着溜须拍马一路高走，甚至还上疏武则天，请求给武则天当女儿，这简直是笑话，因为她的辈分本来比武则天还要高，这阵子却要来给武则天当女儿，武则天虽然很受用，但是看起来没答应她当女儿的要求，因为给她改封号为延安大长公主，赐姓武氏。既然叫长公主，那就不是武则天的女儿了。看来武则天还是比她有底线。

武则天见了冯小宝，看他长得很气派，便满意地将其收下。可是问题在于后宫不能有男人随便出入，于是她让冯小宝出家当了和尚。那时和尚和道士经常被皇帝请到宫中谈玄论道，这样可以遮人耳目。另外她嫌冯小宝门第太低，冯姓在那个年代等级不高，于是她拍板，为他改姓为薛，归到了太平公主的丈夫薛绍家门下，还让薛绍以冯小宝为长辈，称其为"季父"，这大概也是后来薛氏兄弟痛恨武则天的原因之一。于是冯小宝改名薛怀义。此人后来还当上了白马寺寺主，白马寺是中国历史上有记载的第一座佛寺，薛怀义当了这里的寺主，地位非同寻常。

薛怀义经常穿上袈裟，和一些高僧大德们谈论佛法，煞有介事。平时则经常出入后宫，与武则天密会。其权势越来越大，威风凛凛，就连武则天的侄子们，如武承嗣、武三思等人也都争相拍他马屁。

薛怀义也不是简单的肌肉男，他也懂权谋，比如他看到了武则天想当皇帝的念头，于是做了一件事，对武则天大有帮助，怎么回事呢？从十六国时代开始就有一本佛经叫作《大云经》，里面提到过女主代李唐掌管天下，这一点被薛怀义抓住了，他集合了一批人，做了一部解释并且阐发《大云经》教义的书，叫作《大云经疏》，献给了武则天，武则天很高兴，因为这可以起到很好的舆论宣传作用，可以收买人心，于是命令将此书颁布天下。

通过此事，武则天对薛怀义很欣赏，对他委以重任。甚至外敌入侵都让薛怀义挂帅去打仗，以便积攒功劳。就连修建明堂、天堂，也交给他来办。

这两座建筑在当时来说是突破建筑极限的，能够建起来，工匠们的心血自然是首功，但总指挥薛怀义也不是没有功劳的。

但是有关薛怀义的历史记载几乎都是负面的，男权社会怎么会看得上一个吃软饭的小白脸呢？武则天自己也觉得和薛怀义的这个关系不登大雅之堂，所以才让薛怀义出家。其实中国古代皇帝三宫六院多了去了，也没见谁说三道四，反倒是大张旗鼓，而武则天一辈子的面首加起来两只手掌也就算清了，但是却被诟病，还是那句话——男权社会，武则天也没办法完全摆脱桎梏。

所以对于武则天来说，尽管全天下都知道薛怀义是怎么回事，但对于她来说，这仍然是她的一块禁脔，好也罢，坏也罢，都不愿意让别人干涉甚至议论。

对待薛怀义，太平公主是什么态度呢？可以肯定她从未反对过母亲和薛怀义的这种关系，太平很聪明，不会主动介入母亲的私事。她的好恶是紧密跟随母亲的。而当母亲开始厌弃薛怀义的时候，她就毅然决然出手相助。

薛怀义仗着武则天的宠爱越发骄横，朝臣们都看不起他，也很恨他，殿中侍御史周矩暗查他的不法行为，发现他手下豢养了一批大汉，都剃度为僧，图谋不轨。周矩坚决要求法办他，武则天没办法，但还是要保薛怀义，于是来个折中，跟周矩说："这个僧人有风病，不能加以拷问，你就饶了他吧。至于他那些手下，随你处置。"于是周矩将这群僧人全部流放，唯独拿薛怀义没办法。后来薛怀义找了一个机会，报复周矩，使得周矩丢了官职。

按理说这事儿是一个警告，但是这家伙丝毫不知道收敛，最终变得敢对武则天甩脸子，怎么回事呢？

原来武则天另有新欢了，是她的一个御医名叫沈南璆。结果这下子薛怀义发飙了，《资治通鉴》卷二〇五载："时御医沈南璆亦得幸于太后，怀义心愠。是夕，密烧天堂，延及明堂，火照城中如昼，比明皆尽，暴风裂血像为数百段。"他一怒之下，竟然放火烧了亲自建立起来的天堂和明堂，令这两座耗费了无数人力物力建设起来的巨型建筑灰飞烟灭，其猖狂可见一斑。

武则天此时的态度非常耐人寻味，按理说，烧掉这两座具有重要象征意义的建筑是十恶不赦的大罪，应该将薛怀义治罪处死。但是她选择了忍，她没有追究任何人的责任，而是把火灾归咎为天灾，然后让薛怀义重新再建。《资治通鉴》卷二〇五："命更造明堂、天堂，仍以怀义充使。"武则天为何选择忍？还是因为武则天不愿把自己的私事闹得沸沸扬扬。武则天不是一个肆无忌惮的人，她也有怕的时候，也有软弱的时候，面对社会舆论，她也有退让的时候。尤其一个女性，私生活方面遭人指摘是一件很羞耻的事情，尽管薛怀义是做什么的大家都门清，可是毕竟没有放到台面上来说这个事，要是明正典刑，就必须走一套司法程序，那不等于把自己的私生活公之于众，让大家品评吗？

所以对于武则天来说，她只有选择忍。但是忍耐是有限度的。薛怀义见武则天是这个态度，更加肆无忌惮了。武则天越发厌恶他，于是动了铲除他的念头。但还是那句话——这事儿不能走司法程序，也就是说不能指望外朝那些大臣们的帮助，那么依靠谁呢？武则天想到的就是自己最亲近的人——太平公主，《旧唐书》记载说："则天恶之，令太平公主择膂力妇人数十，密防虑之。"也就是说，她对薛怀义已经有了戒心了，要防备其铤而走险。薛怀义经常出入后宫，后宫除了女人就是宦官，要想防备他必须要有安排，调外面的人进来不方便，于是乎太平公主奉命选拔了几十个强壮有力的妇人——我估计就是从宫女里选拔的——防备薛怀义。

有人向武则天告发说薛怀义有阴谋，于是武则天下令动手，太平公主立即让自己的奶妈张夫人带人将薛怀义勒死，然后将尸体送还白马寺安葬。你可以注意到，一直到此时，武则天处理薛怀义追求的还是一个悄无声息，想瞒天过海，悄悄处理他，完成这个任务的就是太平公主。

这也是太平公主为自己的母亲做的第一件大事，这件事一上来就非同寻常，事关人命，事关母亲的脸面，应该说太平完成得很不错。但是坦白说，这事说破天，不过是常见的宫廷斗争的一幕而已。薛怀义之死不过是一个已经失宠的面首的死而已，太平公主除掉他，也不过是替母亲除去一个麻烦而已。旧的面首去了，新的面首还在，此事还真谈不上有什么积极的历史意义，只是展现了太平公主的手腕而已。此时的太平三十岁左右，她已经成熟，开始走向历史舞台了。

第二件大事，铲除来俊臣。

要是说第一件大事只是个宫斗而已，那么太平公主做的第二件大事才是真正具有历史意义的：她在客观上促进了酷吏政治的终结。

武则天登基的道路充满了斗争，徐敬业叛乱和李唐宗室叛乱使得她感觉自己身边充满了阴谋，到处都是反叛者。于是她开始大搞酷吏政治，任命了一批凶狠且毫无人性的家伙担任御史等官职，设立监狱，鼓励告密，大肆捕杀异己，一时之间朝廷上下可以说是风声鹤唳，人人自危。很多心怀鬼胎的人得到了向上爬的机会——告密立功。武则天鼓励大家举报谋反，甚至做了一个大铜匦，四面开有小口，还有人专门负责管理钥匙，定时开启，收纳告密信，有专人负责审理。

酷吏们的原则是宁可错杀，绝不放过，没人举报的话他们就自己组织人进行诬告，而且动辄就是大规模的举报，罗织罪名，虚构了很多谋反集团，专门用来清除异己，不但清除武则天的异己，捎带脚还清除自己的异己，这些酷吏半数以上都是些胸无点墨的莽汉，他们要想上位，正常情况下是很难的，所以就要剑走偏锋。

当时第一酷吏就是来俊臣，此人据说相貌堂堂，但生性残酷，心理变态，专门以折磨人为乐。当年他还是个市井无赖的时候，曾经在和州犯法被抓，那阵子武则天正鼓励告密，他想通过告密来换取免罪，告谁史籍上没有记载，但肯定是瞎告一气。结果刺史、宗室东平王李续把他打了一百杖。他老实了几天。李续后来被武则天诛杀，来俊臣跑到武则天面前表功，意思是我早就有先见之明，于是武则天拜他为侍御史，成为自己的鹰犬。此人前后满门抄斩了上千家，加起来受害者起码上万人。和平时代竟然能出现这样一个不折不扣的屠夫。

此人做事毫无底线，他最擅长两件事，一个是诬告，一个是酷刑。武则天鼓励大家告密，而他则更进一步，干脆组织诬告，他在全国布置网络，联合各地无赖，一处告密，其他地方必然响应，告的是同一人同一事，让武则天一看，你看看，多少地方的人都提供证据了，还能形成证据链条，不用问肯定是真的。就这样陷害了许多人。

来俊臣这人之所以是一号酷吏，不仅是因为他杀人多，关键是别人做坏事还有个咬咬牙豁出去了的过程，他则在折磨人的过程中能得到满足和快感，所以这才是真正的变态。他恬不知耻地将自己诬告别人的经验写了个《告密罗织经》，您听听，直接就在书名上把内容点明了，我就是诬告，我就是罗织罪名，你能把我咋？还有个传闻，《朝野金载》记载的，说是来俊臣将朝廷百官的名字写在一块块石头上，然后拿一块石头打这些石头，反复投掷，打中谁的名字，就先诬告谁，他把害死人当游戏。这事真伪不清楚，也许是讨厌来俊臣的人给他编的段子，但是却反映出人们对于来俊臣草菅人命的愤恨。

这里顺便告诫诸位读者，近年网上流传《罗织经》，声称为来俊臣所写，还号称是在日本发现的孤本，内容多厚黑学，这纯属商业炒作，来俊臣的《罗织经》并未流传下来，目前的这本所谓《罗织经》也绝非唐代著作。

来俊臣还发明了许多刑讯逼供的方法和工具，比如制作了不同重量的十个大枷，还起了恐怖的名字，什么"定百脉、喘不得、突地吼、著即承、失魂胆、实同反、反是实、死猪愁、求即死、求破家"等。"定百脉"就是戴上后封住你的脉门。"喘不得"当然就是喘不上气的意思。"突地吼"就是趴在地上痛苦吼叫的意思。"著即承"就是戴上就招供的意思。"失魂胆"就是戴上就失魂落魄的意思。"实同反"和"反是实"就是戴上就承认谋反的意思。"死猪愁"，死猪见了这个枷都发愁。"求即死"，戴上之后生不如死，只求一死。"求破家"，不仅求自己一死，干脆你把我全家杀了，只要别让我受这个罪。给刑具起了这么多奇特的名字，可见此人是乐在其中，这是完全的心理变态。另外他还经常以醋灌犯人鼻子，或者用火烤，或者不给粮食吃，饿得犯人吃衣服里的丝絮。总之，只要是落到他手上，那就是生不如死。

武则天却觉得这人能干，在丽景门内设置了一个推事院，专门给来俊臣用来审讯。进入这个门的人，基本上是有去无回，人们用谐音称呼此处是"例竟门"，"例"是"照例"的意思，"竟"就是完蛋，意思是进入此门照例完蛋。

这人说翻脸就翻脸，即便是对同党也是如此，当时天下第二号酷吏是周兴，也是杀人如麻，和来俊臣一起，堪称哼哈二将。但是有人举报周兴谋反，武则天把案子交给来俊臣审理。来俊臣给周兴摆下了鸿门宴，请他吃饭。

吃的过程中来俊臣问："我现在有个麻烦案子，犯人无论怎么拷打都不承认谋反，该怎么办？"

周兴一听说："这有何难，您找个大瓮，底下架上炭火，烧，让犯人站在里面，不一会他就得认罪，百发百中。"

来俊臣冷笑一声，说："好呀，高招。"于是他让人在院子里架好一个大瓮，底下堆上柴火，烧，然后一指那个大瓮，对周兴说："我说的这个犯人不是别人，就是您，现在请君入瓮。"请君入瓮这个成语就这么来的。

周兴一听，顿时崩溃，他自己发明的酷刑他知道，没人能扛得住，于是立即跪下来认罪。后来就被杀了。来俊臣对自己的同党尚且如此残忍，可以想见他对别人如何。

酷吏政治时期，可以说人人自危，因为死于非命的可能性太大了，以宰相为例，武则天一生任命有宰相七十五名，其中因为各种原因被杀或者被赐死或者死于狱中的有十五名，被流放的有九人，换句话说宰相中不得善终者占总数的三成。宰相尚且如此，其他人可想而知。当时的官员每天去上朝的时候都要向家人诀别，说不知这一走还能相见否。下班回家则庆祝一番，又活了一天。气氛就恐怖到这地步。

酷吏政治如此残酷，是不是说明武则天是个暴君呢？武则天做事的确有决绝的一面，但是还要看到，她做事有节奏，有计划，有步骤，酷吏政治是她登上最高宝座前后采取的手段，是为了清除异己。但她跟历史上其他昏君、暴君不一样，她心里很清楚这些酷吏是些什么东西，她不是一味信赖他们。武则天在酷吏政治盛行时期很注意保护能臣，比如狄仁杰、魏元忠，都曾被诬陷，也吃了苦，但最终都被释放。武则天明白，酷吏们就是自己的棋子，小卒子，早晚要兑掉。啥时候兑掉，那要看自己的棋走到哪一步了。

最终出来帮助她完成这一步棋的正是太平公主。

酷吏政治盛行时期，太平公主也不是高枕无忧，可不要忘记了她的前夫薛绍是怎么死的，所以史书说她一直小心翼翼。前面铲除薛怀义算是个大动静，但那是在母亲授意之下干的。此时诬告盛行，杀人如麻，她虽然贵为公主，也是战战兢兢。

此时母亲已经当了好几年的皇帝，自己的两个哥哥已经死于非命，三哥李显尚在南方流放，四哥李旦最为明哲保身，自己当过皇帝，但是却主动禅位于自己的母亲，主动要求降为皇嗣。李旦的所作所为和太平目的是一样的，都是在高压之下选择自保为先。

所以说，终结酷吏政治并不是他们的初衷，以他们当时的心态而言，能够自保就已经谢天谢地，就别提什么主动进击了。但是，当酷吏们的魔爪开始伸向他们的时候，他们不得不展开了绝地反击。

当时的来俊臣骄横跋扈，觉得自己已经天下无敌，无所不能了。很多人都怕他，有的人就主动讨好他，牵马曳镫，溜须拍马。即便是取得了如此的"成功"，来俊臣还是不满足，他还要寻找新的诬告对象。他为何总是告个不停呢？原因很简单，他明白自己的价值就在于当好一条狗，要想长保荣华富贵，只有一个办法，就是不断咬人，用来在武则天面前彰显自己的所谓价值。

那么咬谁好呢？说实话，现在高价值的目标已经不多了，环顾四周，他突然瞄准了武则天身边的人。

此时武则天身边的人分两大群体，一个群体是武家子弟，例如武承嗣、武三思等，另一个就是武则天的儿女，武则天儿女在世的还有三个，庐陵王李显、皇嗣李旦、太平公主。

这两个群体其实是对立的，李家和武家为了皇位继承权问题正在进行心照不宣的交手。而能把这两大群体勉强黏合起来的也就是太平了，她现任丈夫武攸暨是武家人。两大团体在根本利益上是冲突的，不过很快有一件事就让他们不得不联手起来，这件事就是来俊臣的诬告。

来俊臣已经利令智昏了，他开始组织人，准备诬告武则天身边这些人了，《资治通鉴》记载说："俊臣欲罗告武氏诸王及太平公主，又欲诬皇嗣及庐陵王与南北牙同反，冀因此盗国权。"

请注意，他诬告是分两部分进行的，他把太平公主放在武家子弟这块一起告，估计就是因为太平是武家媳妇，他把李显、李旦两个皇子放一起告，告的罪名是联合南北牙造反，南北牙指的是宫城以南皇城里的文官集团和北门的禁军集团，他的目的是借此获得进一步的权势。

此事还在谋划阶段就被河东人卫遂忠举报了。卫遂忠是来俊臣手下的酷吏之一。那他为何这次弃暗投明？

原来他得罪来俊臣了。前一阵子，来俊臣听说太原王氏王庆诜家女儿特别美，于是强取豪夺，娶其为妻，有一天正在宴请妻子一家，卫遂忠来访，来俊臣不耐烦，告诉看门的："就说我不在家。"没想到卫遂忠根本不信，硬闯进来，嘴里还不干不净的。来俊臣觉得在妻子一家面前丢了面子，很恼怒，想治他的罪，但是最后还是释放了他。两人表面上和好如初。但是，王氏女因为这次在大家面前被羞辱，想不开，最后竟然自杀了。我估计就是这事儿导致卫遂忠害怕了，他怕来俊臣报复，于是想先下手为强。

所以当来俊臣的计划被他知晓后，他立即来告密，不是向武则天告发，而是向武家和太平公主来告发。这下子武氏诸王、太平、皇嗣等都紧张起来了，性命攸关啊。

其实来俊臣盯上太平是他最大的失策，武则天对什么人都可能心怀戒心，唯独对太平不可能，这是自己最爱的孩子，而且又对自己忠心耿耿。所以当太平公主和武氏诸王联名向她举报来俊臣的阴谋，而且指出来俊臣经常自比石勒的时候，武则天明白，来俊臣这条狗是要不得了，这本来就是要兑掉的一个棋子，现在兑子的时刻应该是到了，通过几年的清洗，自己的异己已经被清除得差不多了，这个国家应该由政治斗争阶段走向正常阶段了，励精图治、发展民生才是未来的需要，酷吏们已经是弃子了，所以最后她选择的是将来俊臣下狱，而后将其处死。

来俊臣死的那一天，万人空巷，大家都跑到刑场看这个屠夫的下场，刀斧手刀刚一落下，大家一拥而上，不一会儿就将来俊臣的尸首踏得没了形状。这天大臣们见面，互相都道贺说："今晚睡觉脊背可以挨着枕席了。"

来俊臣的死标志着酷吏政治的结束，酷吏政治的结束标志着武则天武周王朝的正常化。假如酷吏政治一直存在，武则天在历史上毫无疑问将留下一个暴君的恶名，虽然消灭酷吏是武则天的计划之中的事情，但是完成这最后一击的正是太平公主。虽然太平公主是出于自保的目的举报来俊臣的，但却在客观上对国家产生了积极的促进作用。

太平公主的前半生就是这样，她生活在母亲的身影之下，虽然她的身份和才干决定了她必然要有一番大的作为，但是这个阶段内她还基本处于蛰伏状态。通过铲除薛怀义和来俊臣，她已经新莺初啼了，她的手段、风格在这两场事件中展现无余，我们以往经常关注她在武则天去世以后的所作所为，但是要看到，那时太平公主的一切特质在此时都已经有了雏形。

第八讲

◆

武则天[*]是唐代乃至整个中国历史上最有性格的女人。

她的一生像一条大河，奔流在中国历史中，尽管一千多年过去了，河水干涸了，但是却在大地上留下了无数深刻的痕迹。

今天我们这一讲就来看看武则天留下的这些痕迹。

* 武则天（624—705）：唐朝至武周时期政治家，武周开国君主，也是中国历史上唯一的正统女皇帝。天授元年（690年）：武则天称帝，改国号为周，定都洛阳，称"神都"，建立武周。

◆ 科举

武则天很重视科举，这和她的经历有关。唐朝前期还有贵族政治的残余，朝廷内有关陇集团，朝廷外有山东旧贵族势力，武家是小姓，被贵族们瞧不起，武则天全靠自己的力量逐渐走上高位，在这个过程中没少和关陇集团对抗，所以武则天上台后特别注意扶持中低级官员，提拔庶族人士，用来取代旧有的权贵阶层，所以她对科举十分重视。而且她对中国科举发展做出了巨大贡献，体现在对科举的三项改革上：

第一，巩固殿试。

武则天之前的科举，主要由官员负责组织考试、发榜，除了元日接见贡生之外，皇帝与考生不直接见面。但是从唐高宗时期开始，开创了一种新制度——殿试。什么叫殿试？就是皇帝在大殿上亲自考试贡生们，皇帝当主考官。那么既然有官员负责考试，皇帝亲自来主持一下有什么意义呢？这个意义可大了去了。中国人的伦理观念里，除了父子、母子关系之外，最亲密的关系也就是师生关系了，所谓一日为师终身为父，师生关系是非常牢靠持久的关系，史学界称为"拟血亲关系"，皇帝自然也重视。一旦皇帝主持殿试了，那就意味着今年参加考试的都算作天子门生了，这样除了冷冰冰的君臣关系之外，考生与皇帝之间还能建立起一种温情脉脉的师生关系。此举拉近了考生们与皇帝之间的距离，有利于笼络天下读书人的心。

《旧唐书》记载说高宗在显庆四年（659）春季亲自主持考试，这算是中国殿试之开端。但是人们总说武则天是这个制度的创立者，为啥呢？因为唐高宗这次考试是临时举措，没形成制度。而武则天则把这件事制度化了，而且武则天举办的殿试规模也更大，她做事也很认真，真的一个个考，一考就是好几天。可谓盛况空前，从此后殿试就成了惯例了，所以《册府元龟》和《资治通鉴》都说殿试是武则天开创的。从此以后，历朝历代皇帝都搞殿试，进士们也自豪地说自己是"天子门生"。

第二，开设武举。

农业民族的尚武精神是有周期性的，战乱年代可以培养起骁勇善战的一代人，但只要太平日子降临，不出两代人，尚武精神就会败落。武则天时期，国家承平日久，老百姓习惯太平日子了，很少有人懂得打仗，再加上府兵制也在逐渐瓦解，所以平民很少接触军事训练，国家兵源质量堪忧，几次边境战争体现出军队战斗力开始下降了，这不是个好兆头。

而且还有件事曾经刺激过武则天，武则天曾经组织群臣举办射箭比赛，而且还设立了奖金，没想到最终拿了前几名的都是番将。这次射箭比赛总冠军是泉献诚，这人是个高丽人，高丽民族自古以来善射，泉献诚也不例外。

拿了冠军，泉献诚却没有表现出高兴来。他对武则天说："陛下令选善射者，今多非汉官，窃恐四夷轻汉，请停此射。"[1] 请陛下以后停止举办这种比赛吧。您举办比赛，拿名次的都是番将，外敌听说了，一定就知道中原尚武精神已经败落，就会产生轻中华之心，所以以后还是别办了吧。

武则天听了他的话，恐怕多多少少都是有些尴尬的。射箭比赛就此停办了。可是问题在于这属于鸵鸟政策，虽眼不见为净，可是尚武精神败落这事还是存在。该怎么办呢？武则天一直挂念这事。而且几次边境战争体现出军队素质真的不高，武则天真的急了。

武举就是在这种背景下开始举办的。根据《唐六典》《通典》的记载，武举是长安二年（702）开始举办的，考试程序和科举是一样的，考试内容则涉及射箭、骑术、负重、枪术等，还要看身材和口才。

举办武举的目的和科举一样，都是鼓励年轻人投身其中，去练武、参军，以前靠考试就能当官，现在靠考试也能当军官，就是这样去培养尚武风气。

武举的举办应该说是相当成功的，后世历朝历代也延续了这个考试。而且这个武举还真的是能培养出杰出人才的。比如郭子仪，平定安史之乱的一号功臣，唐朝的再造之臣，他年轻时就是

1　见《资治通鉴》卷二〇四。

靠武举上来的。他的身高在一米八以上，孔武有力，符合武举要求。选拔出郭子仪就足以证明武举存在的价值。

第三，加试杂文。

唐代文学之兴盛有目共睹，那是中国文学史上的巅峰，人们常说"唐诗宋词"就是夸赞唐、宋两个朝代文学的兴盛，其实不论是唐还是宋，它们文学的兴盛都和武则天密切相关，为什么这么说呢？因为武则天进行了科举改革，大大促进了知识分子们文学写作的积极性，改变了整个社会风气，唐代乃至后世的文学发展都应给武则天记一功。

武则天怎么做到这一点呢？就是靠科举改革，她主政期间规定进士加试杂文，不仅仅是经学那么单调了，这样的举措促使青年学子们在文章方面倾注了极大的心血，为啥？这就是标杆啊，会带动整个社会风气朝这个方向转变。唐代中期的《通典》里有这样一段话，可以看出武则天这个改革带来的巨大影响："太后颇涉文史，好雕虫之艺。永隆中，始以文章选士。……父教其子，兄教其弟，无所易业。大者登台阁，小者任郡县，资身奉家，各得其足，五尺童子，耻不言文墨焉。是以进士为士林华选。"也就是说，从武则天时代开始，天下读书人都希冀以文采通过考试，获得荣华富贵，就连五尺童子，也耻于不通文墨。从此以后科举尤其是进士科获得了极大的发展。进士们的大名和他们的文章，往往可以十几天就传遍全国，天下人都仰慕他们，可以说一旦考上进士，不仅能雁塔题名，曲江宴饮，风光无限，还能光宗耀祖，荫蔽子孙。到了唐朝后期，唐宣宗都羡慕进士，甚至在大殿柱子上书写"乡贡进士李某"，意思是他当个进士多好，您瞧，这就是进士的威力。

到了宋代，科举制已经占据绝对主流，宰相中90%是进士出身，官僚政治能完全取代贵族政治，科举功不可没。在上层社会的婚姻市场上，谁考中进士谁就是钻石王老五，甚至出现了"榜下捉婿"，《萍洲可谈》卷一云："本朝贵人家选婿，于科场年择过省士人，不问阴阳吉凶及其家世，谓之'榜下捉婿'。"也就是每次科举发榜之时，各个达官贵人皆迫不及待"抢女婿"，甚至生辰八字、家世等皆不过问，只要是新科进士即可，进士之贵由此可见一斑。

相传宋真宗曾写《励学篇》："富家不用买良田，书中自有千钟粟；安房不用架高梁，书中自有黄金屋；娶妻莫恨无良媒，书中自有颜如玉；出门莫恨无随人，书中车马多如簇；男儿欲遂平生志，六经勤向窗前读。"其中"书中自有黄金屋""书中自有颜如玉"两句脍炙人口，充分展现了中国读书人的"入世"精神。但此诗是不是宋真宗所作成疑，《全宋诗》收录宋真宗所作二十二首诗中没有这一篇，该诗首见于明人假托宋人胡澹庵所作《绘图解人颐》，极可能是假托宋真宗名义而成的诗。号称元代施惠所作《幽闺记》（又名《拜月亭》）里也有"岂不闻书中自有黄金屋，要你那金银何用？"，元代关汉卿杂剧底本《山神庙裴度还带》第一折也有"富家不用买良田，书中自有千钟粟"，可见这首诗大约在元代已经流行了。尽管作者极可能不是宋真宗，但科举对人们的巨大诱惑可见一斑。

科举能如此发展，武则天功不可没。我们想一想，为大众所熟知的唐代大文豪，绝大多数都是武则天以后的人，如李白、杜甫、白居易、杜牧、韩愈、贺知章、元稹、刘禹锡等，而武则天以前呢？一般民众耳熟能详的也就是个初唐四杰，武则天何以成为分水岭？这跟她的科举改革密切相关。所以，唐诗宋词这个中国文学史上的辉煌遗产，是武则天留在历史上的印迹之一。

◆ 文字

武则天掌权后造了很多新字，都是些常用字，比如天、地、日、月、星、人、生等，有人说她造了 17 个字，有人说 19 个，还有人说是 20 个。而且她还给自己特地造了一个字——曌，意思是日月当空照。这是她登基之前给自己起的名字，以取代唐太宗给自己起的"武媚娘"。

她为什么创造这么多新字呢？一言以蔽之——除旧布新。武则天希望自己的新王朝在各个方面都要与旧王朝有区别，要有新气象，那么文字大家每天都在用，造些新字，毫无疑问是时时刻刻在提醒大家——这是个新时代了。

她造的这些字很有寓意，比如：右上是大臣的臣，体现出武则天对臣下的要求——天子之下，臣子要忠心。

再比如：右中是大地的地，山水土，十分形象。

还有右下这个"国"字：四面八方就是国。武则天即位之初，有人建议造个新字取代原来的国字，并建议，既然是武氏的天下，那就在方框里放上一个武字，武则天采纳了。结果新字才用了一个多月就有人提出反对：方框里一个武，那不就是把姓武的囚禁起来了吗？不吉之甚。武则天一听，立即改正，方框里放上八方两个字，四面八方，取"普天之下，莫非王土；率土之滨，莫非王臣"的意思。

那为啥这些新字除了那个曌

臣字

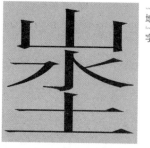

地字

国字

字其他的现在都不见了？她的这些新字政治意味太浓，所以当她被政变推翻之后，这些字就停用了。实际上我们在唐后期的一些碑刻里还是发现有使用的，但是已经很罕见了。只有那个曌字，因为是武则天的名字，所以现在还有用，比如电脑字库里就有这个字。

这里还有个问题需要辨明一下。有一种盛行的说法，说现在银行财务工作中经常使用的大写数字也是来自于武则天，是武则天创造的，为什么呢？因为大写数字笔画多，可以杜绝有的人在数字上增添笔画做手脚。明末清初著名思想家顾炎武在其所著《金石文字记·岱岳观造像记》里就说："凡数字作壹、贰、叁、肆、捌、玖等，皆武后所改。"他的这个说法很流行。

但这个说法可能是不正确的。顾炎武是根据他当时能看到的碑刻和书籍做出这种判断的，实际上现代学者在新疆吐鲁番出土的大批文书中都发现了大写数字。中国古代记账文书使用大写数字最早的实物证据是北凉时期的吐鲁番文书，《祠吏翟某呈为食麦事》有"都合十久斛拔斗四升"，《残床粟酒账》有"□□□久升，除出用久升三□□□□"，这里的"久"=九，"拔"=八，但是大小写往往混用，可见并不正规。高昌国时期文书也常见大写数字，例如《延和八年七月至延和九年六月钱粮账》有"钱究拾肆文半"[1]。到了武则天时期规范了记账数字的写法，与今天就

---

1 根据刘书芬著《汉字与数目》。

大同小异了。换句话说在武则天之前几百年就已经有了大写数字了。由此可见，顾炎武的论断是错误的，但他那个年代还没有这些出土文书，所以也不能怪他。

◆ 建筑

武则天一生在很多地方都留下过足迹，这些地方遗址尚存，观之会有沧海桑田的感触。接下来我们就来看看这些与武则天命运息息相关的遗址。

首先来看翠微宫。翠微宫位于陕西省西安市以南的终南山中，原是皇家避暑用的宫殿，曾经也建筑林立，富丽堂皇。这里是武则天和唐高宗相遇的地方，也是武则天的命运转折点。

那是唐太宗临终之前的事情。当时唐太宗在翠微宫养病，武则天负责伺候他。她就是在此时和李治相遇。有人可能要问，武则天十三四岁就入宫了，这都多少年过去了，怎么才和太子认识？原因很简单，按照制度，太子平时很少有机会进入后宫，就是进来，也是办完事就走，没机会接触妃嫔。但按唐代制度，皇帝得病，太子要来伺候医药，每碗药都要太子先尝，验明无毒才能给皇上喝，这样太子才有了长时间待在后宫的机会，才能跟武则天相识并擦出火花，于是有了后来的武周王朝。

翠微宫遗址这里群山环抱，非常祥和美丽，可惜的是地表建筑已经荡然无存。而此处在唐中期就已经不是宫殿，而是佛寺了。现在只留下这片美丽的土地，还有些建筑构件什么的。

下面再来看看万年宫。万年宫也叫九成宫，位于陕西省麟游县，是隋唐时期最大的行宫之一。隋文帝建的，后来隋炀帝疑似杀害隋文帝也是在这里。这里风景秀丽，气候宜人，但武则天不喜欢，为啥呢？武则天曾经陪同唐高宗在这里历过险。

原来在永徽五年（654），高宗一行来到这里避暑，结果有一天夜里，忽然间爆发山洪，水势很大很急，宫殿就在河谷地里，形势很危险，据说卫士和民众死亡上千人。而唐高宗他们还毫无察觉，正在寝殿里睡觉。大门外形势已经岌岌可危，寝宫大概地势稍高，暂时没被冲着，但是也很危险了，最危险的是无人给皇帝报警，卫士们要么被水冲走，要么逃命去了。此时挺身而出一个人——大将薛仁贵。

薛仁贵早先在征辽过程中一战成名，现在官拜右领军郎将，他看到形势岌岌可危，便不顾安危挺身而出，他说哪里有宿卫之人不顾皇帝安危自己去逃命的道理！他要发出警报，可是他没有宫门的钥匙，咋办？于是他爬上宫门，冲着皇帝的寝殿大喊，唐高宗被惊醒，这才赶紧向地势高的地方跑，逃得一条性命。唐高宗事后将薛仁贵好好谢了一番。

虽然史书中没有提到武则天在不在场，但基本可以肯定她在场。为什么呢？因为此时正是很微妙的时刻，永徽五年，正是武则天与王皇后、萧淑妃争宠的关键时刻。而到了永徽六年（655），高宗就决定废王皇后立武则天了，所以此时谁都要争取尽可能伴随着皇帝，隋唐皇帝常去万年宫避暑，一去就是小半年，武则天怎么可能在如此微妙的时刻离开皇帝呢？所以她一定在，并和皇帝一起经历了这番惊险。

这大概也就是为何武则天掌权后再也没来万年宫的原因之一，武则天讨厌这里。

下面再来看大明宫。大明宫是武则天留给长安城最辉煌的印记了。其实这座宫殿不是她创建的，但为何说是她留给长安城的呢？里头也有它的缘由。

大明宫原名永安宫，是唐太宗建来给太上皇李渊避暑所用。唐代皇帝原本都住在太极宫，这里地势比较低，潮湿闷热，所以唐太宗便选择长安城北面地势较高的地方修建了永安宫。

唐长安城平面图的右上角那片建筑就是永安宫，也就是大明宫，但是最初建筑规模没这么大，是武则天后来将其扩建了。永安宫还没建成，太上皇李渊就去世了，工程就停了，等于是个烂尾工程。

但是武则天却瞧上了这块地，她之所以大规模改扩建，起因是高宗皇帝的病。此时高宗已经患上了风病，就是高血压，这是唐朝皇室家族病。发作的时候头晕目眩，眼睛都看不清东西，高宗最后就是死在这个病上。当时的医学理论认为，风病和居住环

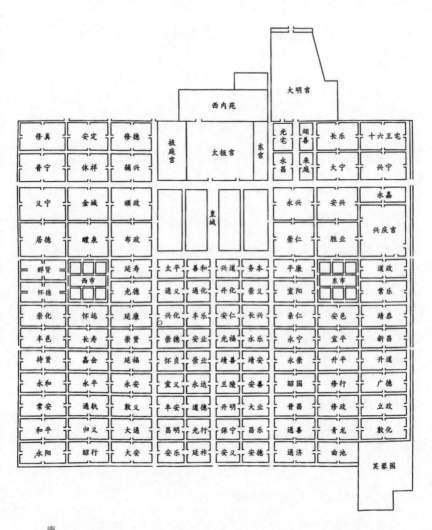

唐长安城平面图

境有关，潮湿的地方不能住，而太极宫就是个潮湿之地。于是武则天就动了迁居的念头。迁哪里呢？长安城基本布局早就定了，城内肯定是没地方了，她将视线投向未完工的永安宫，于是下令大规模改扩建。

这番工程声势浩大，武则天平生喜欢大兴土木，这算是她的第一个大手笔。宫殿规模宏大，分为大、中、内三个部分，将听政、议政和居住场所结合在一起，而且每个建筑个体都高大漂亮。

说起大明宫的主殿含元殿的雄伟，其无论是高度还是面积都超过了后来的故宫太和殿，它于是成为大唐气象的典型代表。从此这里就发展成了长安城三大内之首——皇权的象征。这是武则天的大手笔，是她向天下昭示自己政治抱负的产物，通过这座宫殿，她告诉天下：我开始拥有发言权了，我有着不拘一格的做事方式，还有除旧布新的魄力。

她除旧布新的举措可不止这一点，洛阳城也是她的大手笔。隋唐洛阳城的初建者是隋炀帝。武则天称帝后，就把首都定在了这里，将长安降为西京，那么为什么她喜欢洛阳而不喜欢长安呢？这里原因很多，咱们说三个最重要的：

首先，适应经济重心之南移。

从魏晋时期开始，南方获得了充分的开发，经济逐渐后来居上，到了宋代就完成了经济重心的转移。一直到现代，中国经济最发达的地区仍然是南方。而隋唐正处于转型阶段。那么为什么说迁都洛阳是适应经济重心南移呢？洛阳和长安纬度不是一样的吗？这个和大运河有关。隋唐时期，关中地区虽然农业依旧发达，但是人口的增长超过了土地承载力，隋文帝时期甚至发生过缺粮的情形。而皇帝带着大家去洛阳吃饭，美其名曰"天子就食"，实际上就是一种高级逃荒。因此隋炀帝上台后废弃旧洛阳城，修了新洛阳城，就是为了把统治重心转移到这里来。与此同时他还修建了大运河，大运河的中枢就是洛阳。这样南方的粮食可以方便地运到洛阳。那为何不直接运到长安呢？理论上洛阳到长安可以走黄河—渭河这一线，但是三门峡那里有天险，河道狭窄，水流湍急不说，河中心还有块巨型礁石，自古以来毁船无数，这石头有个名字，叫"中流砥柱"。因为它的存在，导致洛阳到长安的航运效率极其低下，满足不了长安对粮食的需求。所以说迁居洛阳，实际上是承认而且适应经济重心逐渐的转移。隋炀帝是这个心态，武则天也是这个心态。

其次，迷信心理。

武则天不喜欢长安的宫殿，她认为这里有冤魂出没。比如萧淑妃和王皇后，都是武则天上位过程中的牺牲品。萧淑妃性格刚烈，尤其不服，临死前曾诅咒说愿来世武氏变为老鼠，我变为猫，生生扼其喉。武则天是个非常迷信的人，她真的害怕，同时宫中还传言闹鬼，武则天更害怕了，《资治通鉴》记载说："武后数见王、萧为祟，被发沥血如死时状。后徙居蓬莱宫，复见之，故多在洛阳，终身不归长安。"就是说武则天多次梦见王皇后、萧淑妃鬼魂作祟，后来就从太极宫搬到大明宫，蓬莱宫就是大明宫，没想到在这里又梦到了，于是后来就住在洛阳不回来了。这段记载有夸大，武则天不是终身没有回长安，她后来有个年号叫长安，就是因为她在那一年返回了长安才改元的。但是武则天真的是对长安没多大感情，这大概与她在这里经历过的激烈的政治斗争和其他不愉快的往事有关。

最后，除旧布新。

隋炀帝迁居洛阳和武则天迁居洛阳都有个共同点，那就是希望除旧布新，摆脱旧地域、旧势力对自己的束缚。武则天尤其如此，一个女人当皇帝，在古时本就是石破天惊的大事，而且在这个过程里武则天需要克服关陇集团和李唐宗室的重重阻力，而这些人的大本营就在关中地区，所以脱离这里，就等于与旧势力来一个地理上的隔绝，用新人，建新城，立新朝，所以迁都洛阳是一个姿态，一个符号性事件。

也正因为如此，所以洛阳城里就留下了武则天许许多多的印记，我们拣其中主要的来看看：

明堂。明堂是一种礼制建筑，传说上古天子都在明堂议事，所以儒生们总希望当今天子效法上古君王建明堂，可是问题是明堂究竟是什么样子，没有明确的史料，所以儒生们就争论不休，没个主意。光隋唐两代就不止一次动议修明堂，然而每次交给儒生们一讨论就陷入僵局，大家争论不休，门该多宽？象征着什么？该有多少级台阶？建筑该是圆的还是方的？隋文帝、唐太宗、唐高宗时期都是这样，议论了很久都没修成。

武则天掌权时期，决心将明堂建起来。她不听儒生们的议论，只跟北门学士们讨论，于公元 688 年建造起明堂来，位置就在洛阳乾元殿旧址上。现代学者根据考古资料和文献记载复原了武则天明堂图。

根据记载，明堂分三层，上面两层圆形，下面一层方形，每一处都有讲究，象征着四时、二十四节气等。这座建筑高度约 90 多米，这在当时是很宏大罕见的建筑。建造这样一个高层建筑，当时只用了一年多时间。这事儿反映出武则天的不拘一格与雷厉风行。

这个明堂后来多次着火，最后到了唐玄宗时期，不得不把上面两层拆了，就保留最底层，改回旧名乾元殿。当然，唐玄宗这样做，还有个用意——打压武周王朝的合法性。他对自己的祖母武则天毫无好感，对于唐中宗复辟后对待武周王朝的暧昧态度也不以为然，所以他对于如此醒目，堪称武则天象征的明堂自然也没有好感。加上此时唐王朝重心已经回到长安，洛阳再保持这样的极具政治象征意义的建筑明显不合时宜了。所以建筑拆毁，名称复旧。

武则天后来又下令在明堂以北修建了另一座高层建筑天堂，其中容纳一尊大佛，天堂据说高达一千尺，接近三百米了，那大佛也有九百尺，据说那小指头上就可以容纳数十人就座。这个数字可

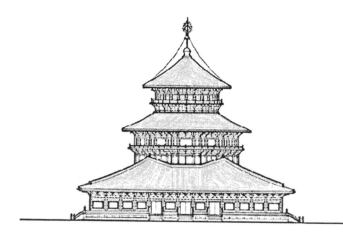

能有夸大成分，但这是一座高层建筑是毫无疑问的。而且一定比明堂还高，因为《旧唐书》记载说站它上面可以俯瞰明堂。这座天堂后来被武则天的面首薛怀义烧了，武则天为了遮丑，不去追究他的罪过，还让他重建。

明堂、天堂这两座巨型建筑可以说是当时建筑技术的奇迹，令人叹为观止。而且这两座巨型建筑都坐落在洛阳中轴线上，向南直通龙门，可以说是地标性建筑，武则天的胸怀抱负就是颠倒乾坤，开辟新天地，这就是新王朝的象征。

武则天最后葬在乾陵，和丈夫唐高宗葬在

一起。而无字碑则是乾陵最著名的文物，就竖立在乾陵前。无字碑为何无字？说法大约有三种：

第一种，武则天觉得自己的功勋用文字无以表述，或者说千秋功过留待后人评说，所以留下空白的碑身。这个说法站不住脚。首先，它没有任何史料支持。其次，武则天临终前特地下令去帝号，以皇后身份下葬，她怎么会还那么高调地觉得自己的功勋文字无以表述？千秋功过留待后人评说也只是文学家的想象罢了，中国历史上还找不到这样的例子。而且碑身上原本有字格，只是没刻字而已。

第二种，无字碑无字的责任可能不在武则天，而在她的儿子唐中宗身上。皇帝陵前立碑记述生平，这是武则天创立的制度，第一块这样的碑就是乾陵前的《述圣记碑》，记述唐高宗的功德，武则天撰文，唐中宗手书，就在无字碑旁边。那么武则天死了，给她立碑的任务就应该由她的儿子唐中宗来完成。可是唐中宗该怎么写呢？他为难啊，这个碑文着实不好写啊，您换位思考一下，您要是中宗，该怎么总结武则天的一生，尤其是涉及自己的那一部分？"我当过皇帝，后来被我妈给赶下台了，后来我又当皇帝了，把我妈赶下台了"，这母子关系实在是太奇特了，不好写。但是时不我待，中宗皇帝没当几年，先是太子李重俊叛乱，然后他本人就被女儿安乐公主毒死，紧接着李隆基联合太平公主杀死韦皇后、安乐公主、上官婉儿，然后李隆基又和太平公主斗，最后又发动政变铲除太平，接二连三的政变，等到形势稳定下来，皇帝已经换了两茬了，没人再顾念这个碑了。这也是一种说法。

第三种，或许和佛教禅宗有关。禅宗讲究不立文字，而且武则天晚年和禅宗著名僧人神秀有过往来，她儿子唐中宗也是神秀的粉丝，所以是否有这样一种可能，即武则天和她儿子都受到了禅宗思想影响，不立文字。但也有学者指出，禅宗不立文字这句话中的文字指的是佛经，即禅意需要顿悟，不需要佛经来传递，禅宗并无限制世俗人使用文字的意图。

不管哪种说法是正确的，我要提醒研究者注意的是，唐中宗定陵前也曾有无字碑。两块无字碑，乾陵无字碑举世闻名，定陵无字碑则默默无闻。根据王子云《唐陵考察日记》记载，中宗定陵碑高 6.5 米，宽 2 米，碑座高 1 米，形制接近乾陵无字碑。该碑"文革"期间被宫里公社推倒毁坏，打制成石碾子等出售，此事在官方《富平县志》中有明确记载。20 世纪 40 年代王子云先生率领西北艺术文物考察团踏访唐陵，曾经为定陵拍摄了一组照片，在这个照片当中出现了定陵无字碑*。虽然模糊，但却是弥足珍贵的影像记录。

所以要探讨武则天无字碑为何无字，不能撇开唐中宗的这块无字碑，它们出现的原因应该是有关联的。

第九
讲

韦皇后

在陕西渭北高原上，有一座孤寂的皇陵，比起昭陵、乾陵等前几代帝王的陵寝，它显得那么冷清。它的游客稀少，不仅规模不大，而且连陪葬墓也远不如那些帝王陵多。这座陵叫作定陵，它的主人是唐中宗，而他的皇后就是本文的主人公韦皇后。

　　当年武则天掌权后，在狄仁杰等人的劝说之下，唐中宗李显得以庐陵王身份返回洛阳，其妻韦氏和女儿裹儿与他一起返回。当时的他应是很激动，摆脱了流放的生活，回到了繁华的洛阳城，而且马上要成为太子，担负起帝国未来领袖的重任。对于李显和韦氏来说，这是人生的大逆转、大翻盘。

705 年的神龙政变爆发之后，李显果然登上了皇位，韦氏也被册立为皇后，李唐复国，人心振奋，举国都将希望寄托在这一对夫妻身上，希望他们能像当年的太宗和长孙皇后那样除旧布新，重振大唐国威。

可仅仅几年后，这一家三口相继命丧黄泉，而且都是死于非命，他们遗留在人们心中更多的是失望、愤恨，而后很快被遗忘，千年来只剩下这堆黄土无语对青天。

这一切的核心都在韦皇后一人之身。她是个什么样的人，她做了什么，历史给予她的评价客观与否，这都是本讲的重点。

韦皇后出自京兆韦氏。韦氏是长安附近的贵族家族，历代出了无数达官贵人，唐朝三百年，仅仅宰相级别的高官就出了数十位之多。当时和韦氏齐名的还有附近的另一个大家族杜氏，由于他们都聚族而居在长安以南，所以时人称"城南韦杜，去天尺五"[1]，意思是城南韦、杜两家，距离天顶只有一尺五了，形容其地位之高。

韦皇后就是长安韦氏家族成员。当初嫁给李显的时候，李显还只是亲王而已。他前面还有两个哥哥，我指的是高宗和武则天亲生的孩子中，李显排男孩子的老三。但是前面两个哥哥李弘和

---

1 见《雍录》。

李贤，都因为与武则天的矛盾直接或间接死于非命。所以身为老三，李显意外地当了皇帝，继承了高宗的皇位。

此时武则天当皇帝的愿望已经表露无余，她已经不允许任何人阻碍她。而李显其人，一生都没什么政治智慧，在这种紧张的形势下，他竟然还任着性子行事，武则天四个儿子里本就属他是最没智慧的一个，把这样的人放到皇帝宝座上，必然要惹出是非来。

他惹出的事就和韦皇后有关系。准确来说是和韦皇后之父韦玄贞有关，中宗当了皇帝没几天，就提议让岳父韦玄贞担任宰相。此事遭到了其他宰相们的反对，认为韦玄贞不够格，韦玄贞原本不过是一个普州参军，唐中宗即位后才拜为豫州刺史，此刻就要拜相，难以服众。此事极大可能是韦皇后出的主意，韦皇后心机颇深，她极可能是看到武则天气势逼人，想找个办法对抗，而对抗武则天需要有自己的人，那么自己的父亲当然是最值得信赖的，所以极可能是她撺掇中宗任命韦玄贞为宰相，以外戚势力对抗武则天。

如果说事情到这一步还在正常范围内，但是中宗的不着调很快就体现出来了，他在与群臣的争论中口不择言，说："我让国与玄贞岂不得，何为惜侍中耶？"[1] 我就是把天下让给韦玄贞又能咋样，何况一个侍中。这纯粹属于抬杠，小孩子吵架才用的招

---

1 见《旧唐书》。

数，但是却从皇帝嘴里脱口而出。而武则天一直在虎视眈眈，她不愿意儿子们阻挡自己的称帝之路，没事儿都要找事，何况中宗如此口不择言，不顾后果。于是她带兵上殿，亲手废除了唐中宗。中宗不服，还质问："我有何罪？"武则天冷冷地说："你说要把天下让给韦玄贞，还敢说无罪？"

唐中宗的第一次皇帝生涯就这么结束了，总共才两个月左右。此事可以看作韦皇后的第一次政坛尝试，她从那时开始就已经在丈夫背后参政了，只是可惜这次尝试以惨败宣告结束。

唐中宗被废为庐陵王后，先是流放到均州，也就是今天湖北丹江口。也不知道是不是故意的，均州官员给李显的住宅竟然是李泰生前的住宅。李泰是唐太宗的儿子，在和太子李承乾争夺皇位的时候与太子双双被太宗废弃，李泰被流放到均州，心情失落，后来在这个房子里郁郁而终。李显被流放到这里，本来心情就够糟，又住到这么一个凶宅里，终日毛骨悚然。想想看，李泰的经历和他难道不相似吗？自己住到他的房子里，不祥之兆啊，心情简直糟到极点了。后来李显又被迁居到房州。

在流放的漫长岁月里，唐中宗的精神每况愈下，但是韦氏则不然，她始终是斗志昂扬，而且是愈挫愈勇。她所遭受的苦难比唐中宗还要深厚，但是这并没有打垮她，同时也为她未来那么多出格举动埋下了伏笔。

她遭遇了哪些苦难呢？

首先，生活艰苦。李显一家不是来南方旅游的，是被流放至此。地方官从来都是势利眼，虽然此人是皇子、前任皇帝，但是落魄的凤凰不如鸡，地方官没给他们一家好脸色看，物资供应也很匮乏，甚至衣食不济。当时韦氏要生产，孩子生下来，竟然没有像样的褓褓，李显解下自己的袍子将孩子包裹起来，所以孩子小名就叫"裹儿"。这位裹儿就是安乐公主。

　　为人父母的人要是自己以前吃过苦，或者这个孩子幼年吃过苦，就特别容易溺爱这个孩子，好像发誓不再让孩子受罪一样。于是在自己所有孩子里，唐中宗最爱安乐公主，养成了安乐公主以自我为中心的脾气，她生活奢侈无度，什么事都敢干。这样就为后来一系列政坛变故埋下了伏笔。要说这种苦是夫妻二人一起经历的，但是身为女性的韦氏一定比自己的丈夫付出得更多。

　　其次，家人惨遭毒手。李显一家被流放，他岳父一家当然也逃不了干系，于是韦家被流放到了岭南钦州。结果他们在这里遭遇了灭顶之灾。被流放的官员历来都是被欺负的对象，欺负韦家的乃是钦州当地酋长宁承，也有史料说叫宁承基。宁承看上了韦玄贞的女儿，也就是韦氏的妹妹，这就想把人带走，结果韦玄贞的妻子崔氏坚决不从，惹恼了宁承。他是当地酋长，就像土皇帝，他下了毒手，韦玄贞、崔氏和四个儿子一起被杀，只有两个女儿逃了出来，韦家将这事报告官府，但没人敢管。消息传到韦氏耳朵里，她也不敢有任何表现。此时的她，别说报仇了，稍微有点风吹草动，保不齐都会把自己一家子也搭进去，只有打碎了牙往肚子里咽。

按照唐中宗那种一惊一乍的性格，在房州憋屈久了，早晚要发展成精神病。可是他竟然还能熬过十几年，最终等来出头之日，主要还是靠了韦氏。韦氏比她丈夫坚强多了。自己家遭遇那么大苦难，她非但不崩溃，反倒劝告自己丈夫打起精神来，她说："福祸相依，你怎么就知道自己要永远倒霉？谁都难免一死，眼下却还不至于。"于是唐中宗就在妻子的鼓励下强打起精神。韦氏在这十几年里就是唐中宗的精神支柱。唐中宗大概觉得很对不起韦氏，所以跟韦氏的感情非常好，而且唐中宗还在韦氏面前许下诺言："一朝见天日，誓不相禁忌。"[1]我要是能有朝一日东山再起，我发誓，你干什么我都不禁止。后来韦氏为所欲为，跟中宗发过这个誓有很大的关系。

这一忍耐就是十四年，谁也不能确定，竟真能换来枯木逢春。此时的武则天已经年老，立谁做继承人是个亟待考虑的问题，朝野上下各派势力为此进行了激烈的斗争，最终在李唐旧臣狄仁杰等人的积极努力之下，武则天决心立李显为太子，将其接回了洛阳。她还举办了一个盛大的仪式，欢迎李显归京。

此时的李显，大约有一种再见天日的感觉，本以为这辈子能

---

1 见《旧唐书》卷五一《中宗韦庶人传》。

寿终正寝就不错了，却没想到还真的有翻盘的那一天，韦氏当年安慰自己的那些话，没想到真的实现了。

从李显重新当上太子到神龙政变爆发的这几年时间里，史料里基本没有韦氏的动静。这个女人本就是女强人，再加上艰苦生活的磨炼，她应是憋着一股劲，有意蛰伏，以待时机。此时武则天还在掌权，前车之鉴不敢忘，所以李显也好，她也好，此时都很低调。况且他们只要不惹事，总能顺利登上帝位、后位，何苦瞎折腾。所以这个阶段内韦皇后始终蛰伏。

公元705年，神龙政变爆发，武则天被推翻。唐中宗再度登基，成为皇帝，并且恢复了唐朝国号。从这场政变来看，唐中宗也好，韦皇后也好，根本缺乏思想准备，完全是被动参加，不情不愿地。政变领导者在预谋阶段很可能根本没跟他们通气，可能是知道李显本人才智胆气都不足，跟他通气等于泄密。至于韦皇后，这个女人到目前为止始终不显山不露水，密谋者们大约想不到和她有什么交集。但是很快，密谋者们就要为他们的疏忽付出巨大代价了。

唐中宗当皇帝不久就册立韦氏为皇后。这一对夫妻终于重新回到了权力巅峰。不久后的一件事，就让韦氏尝到了权力的滋味。这件事仍和她父亲韦玄贞有关。

在李显被接回来当太子的这几年里，韦氏压根不敢提出报仇。因为此时是武则天掌权，报仇意味着对流放不满。她很聪明，知道隐忍。结果等到她登上后位，立即着手复仇，广州都督周仁轨受命率领两万大军攻打钦州甯承，甯氏兄弟被迫逃亡，周仁轨紧追不舍，一直追击到海里，将他们杀死，然后用其头祭祀韦皇后的家人，并且把甯家赶尽杀绝。

韦皇后还给她的父亲追封王号，并为他建造一座宏大的陵墓，用以寄托哀思。而且这座墓葬的选址很有讲究，很可能透露出韦氏的政治野心。

这座陵叫作荣先陵，在长安南郊，有两重城垣，规格甚高。值得注意的是它的南北轴线直对大雁塔、大明宫，然后延伸到唐太祖永康陵，也就是李渊的爷爷李虎的陵墓，这可以说是一条风水轴，贯穿了唐朝皇宫和其先祖的陵墓，韦皇后这样选址，估计也有着不一样的心机。很快，她的野心逐渐显露出来，并给自己带来了灭顶之灾。

韦皇后是一个颇有野心的人。这种野心从何而来？首先，从她在流放期间的那种坚强性格来看，韦皇后绝对是一个女强人，她那种不甘寂寞、不甘沉沦的性格，遇到合适的土壤便会萌发；其次，当时的文化氛围进一步促发了她的野心。唐代妇女地位本来就高，再加上有武则天做榜样，韦氏难免有想法。女儿安乐公主说过一句话："阿武子尚为天子，天子女有不可乎？"[1]阿武子就是武则天，她小姓出身，都可以当皇帝，何况我贵为公

---

[1] 见《新唐书·安乐公主传》。

主。这句话昭示了一个现象：武则天之后，有政治野心的女性层出不穷，韦皇后、安乐公主、上官婉儿、太平公主、张良娣等，都是受到了武则天事迹的鼓舞。

她介入政事是从庇护武三思开始的。神龙元年，张柬之、敬晖等五人领导发动了政变，一举将张易之和张昌宗杀死，将武则天推翻，拥立唐中宗。但是对于怎么处理武三思，五人之间有分歧，张柬之没有杀武三思，想把机会留给唐中宗，让他凭借杀死武三思树立个人威望。但是他没料到，唐中宗根本就不是那么想的。他对自己的母亲心怀愧疚，也不打算把武家看作敌人，更不可能杀武三思了。

但武三思当时很紧张，很害怕。他找到了上官婉儿，请求上官婉儿帮忙。上官婉儿将武三思引荐给韦皇后。武三思就这样和韦皇后认识了，乃至有了私情。他能保住命，韦皇后在中宗面前的说情是起到了不小的作用的。

后来武三思通过种种阴谋诡计将张柬之等人流放并且害死，天下愕然，从那时开始，人们对唐中宗和韦皇后的态度开始由期待走向失望。

武三思和韦皇后的奸情很快演化成政治丑闻，谁都知道他们有私情，但中宗却似乎无动于衷。韦皇后和武三思最后胆子大到何等地步呢？他们坐在同一张坐榻上下棋，唐中宗竟然还站在旁边给点筹记数。唐中宗为什么呢？我想第一点就是因为唐中宗始终是个糊涂脑子；第二点大概就是他当年发的那个"一朝见天日，誓不相禁忌"的誓言，所以现在对韦氏很纵容；第三点，他一直想充当李家和武家之间利益平衡者，不肯动武家，所以睁一眼闭一眼。他还和武三思结成儿女亲家，将安乐公主嫁给了武三思的儿子武崇训。

韦皇后的野心一日甚过一日，现在很难说她是想自己模仿武则天，还是想推出女儿安乐公主当第二个武则天。当时有迎风拍马者大造舆论，说天降异象，有人声称看到韦皇后衣箱上有五色云飘起，宰相韦巨源就此请皇帝颁告天下，以为祥瑞。高宗末年民间有民谣《桑条韦》，于是有人旧事重提，太常少卿郑愔作《桑条歌》十篇献给韦皇后。这就好比当年武则天还是个才人时民间盛传的那个"女主武氏"的谶言，是吉祥的象征。

韦氏本人也在有意模仿武则天，当年武则天在泰山封禅的时候主动提出来高宗首献，她做亚献，也就是第二个献祭，当时可谓石破天惊，这回韦氏有样学样，她要在南郊祭天的时候做亚献，让安乐公主终献。

而且此时她已经和上官婉儿结成同盟，上官婉儿本就是赞同女人主政的，她鼓励韦皇后学习武则天，上书皇帝，恳请天下子女为母亲守丧三年。以前只为父亲守丧三年，武则天曾要求对父母一视同仁，母丧也守丧三年。武则天死后这个政策曾中断，至此又被恢复，这是抬高女性整体地位的举措。

上官婉儿还鼓动给中宗皇帝上尊号为"应天皇帝"，给韦皇后上尊号为"顺天皇后"。这又是在模仿当年的武则天。当年唐高宗号称"天皇"，武则天号称"天后"，平起平坐，所以上官婉儿这是想辅佐韦皇后重走武则天老路。

但是与此同时，韦皇后的举动又显示出她的根本目的，是要将自己的女儿安乐公主扶上去，最明显的证据就是她向中宗提出要求要安乐公主当皇太女，将现任太子李重俊废了。李重俊不是她亲生的，她从不把他放在眼里。

韦氏为什么一方面扶持女儿，一方面为自己大造祥瑞呢？我估计是两手准备，她一方面自己也有想学武则天的心，一方面也安抚女儿。这是一个双保险，自己不行了还有女儿。她的这个女儿不知天高地厚，为所欲为，在政治方面也有强烈的诉求，并且她还是武家的儿媳，这种诉求里也有一半是武家的诉求，韦皇后本身和武三思就有私情，立安乐公主为皇太女，可以同时满足自己和武家两方面的政治需求。这样她就沿着不归路一路走下去了。

很快，她的行为引发了太子李重俊叛乱。李重俊多次受到安乐公主和武崇训的羞辱，而中宗皇帝对此又置若罔闻，眼见自己位置不保，他就只有铤而走险。他联合了一批将领，于神龙三年（707）七月发动了兵变。他能调动的力量有限，虽然有一批将领支持他，但是能调来的兵很少，总共只有三百余人。这场政变最大的成果是杀死了武三思和武崇训，但是李重俊最大的目标却是韦皇后和安乐公主，当他冲进皇宫的时候，上官婉儿最先察觉，赶紧护送皇帝和皇后、安乐公主登上玄武门城楼，再调遣禁卫军来护驾，很快就来了将近三千人，大大超过了叛军的人数，政变就这样失败了，李重俊被杀。

这次政变大大震动了整个朝野，对于上官婉儿来说，生死考验促使她开始有意疏远韦皇后，向太平公主方向靠拢，对于朝臣们来说，太子被杀，头还被割下来祭祀武三思父子，使得他们对中宗彻底失望，对于韦皇后一党的愤怒也达到了新的高度。反对派里包括相王李旦一党，自然也就包括李旦的儿子李隆基。而韦皇后和安乐公主呢？她们也被这场生死考验大大刺激，但是她们得出的结论是及时行乐，要抓紧时间实现自己的梦想，那就是自己的政治野心。

唐中宗这个人，对自己妻女日益膨胀的野心刚开始毫无察觉，当初有平民韦月将向他报告韦皇后和武三思有私情，他还火冒三丈，要下令将其扑杀。后来他自己大概也察觉妻子和女儿太过出格，终于开始有所动作，可是晚了，韦皇后和安乐公主抢在他前面对他下了毒手。导致唐中宗被杀的导火索应该是两件事：

第一件，燕钦融事件。许州司兵参军燕钦融向皇帝上书揭发韦皇后，这次中宗的态度有些微妙，皇帝召见了燕钦融，而且面对燕钦融列出的大量证据，他这次变成了一个倾听者，而且听完后沉默了，可见燕钦融的话对他有很大的触动。

但是此时韦皇后死党宗楚客发飙了，他越过皇帝命令军士将燕钦融抓住投于殿庭大石上，燕钦融脖子折断而死，楚客大呼称快。中宗做何反应呢？"上虽不穷问，意颇怏怏不悦。由是韦皇后及其党始忧惧。"[1]韦皇后及其党羽可能此时发现中宗皇帝已经不那么好糊弄了，已经有了危险的迹象。

第二件，限制安乐公主权力。《通典》的作者杜佑认为唐中宗对安乐公主的限制也是导致自己被杀的原因。景龙四年（710）六月，唐中宗下令"停公主府，依旧邑司"[2]。意思是不许公主再自己开府，其封地由邑司加以管理，按理说这里没有明说针对的是谁，但当时安乐公主权势最大，所以很容易被她视为是针对自己的。没过几天中宗暴毙，杜佑在此事后面的评论是："时安乐公主，中宗女，恃宠骄恣，欲皇后临朝，冀得自立为皇太女，遂同谋鸩弑。"[3]可见他认为停公主事件是鸩杀中宗的导火索。此事应该是引发了韦皇后和安乐公主对自己大权旁落的担忧。

唐中宗暴毙，社会上盛传是安乐公主在食物里下毒毒死的，此事促使了矛盾的最后爆发。当时的政坛上主要是两大集团，即韦皇后、安乐公主、宗楚客、韦巨源等，这是一方；另一方则是相王李旦、太平公主、李隆基，而上官婉儿表面上是韦皇后一党的，但暗地里和太平公主有所联系。

1　见《资治通鉴》卷二〇九。

2　见《通典》卷三一。

3　见《通典》卷三一。

当时双方在遗诏问题上暗自交手，韦皇后一党希望由韦皇后垂帘听政，而太平公主和相王方面则希望由相王辅政。遗诏初稿是由上官婉儿草拟的，背后则是太平公主的运作，所以提出相王辅政。但是韦氏一党拼命反对，最终将这一稿废除。其实，这份遗诏是双方达成妥协的最后机会，一旦失去，就意味着矛盾必须靠流血解决了。

当时，中宗皇帝灵柩还停在宫中未曾出殡。据说李隆基得到举报，说韦皇后将对相王一党下手，于是联手太平公主发动了政变，先杀死了韦皇后任命的禁卫军军官，然后率军队冲入皇宫，杀死了安乐公主，韦皇后慌不择路，跑到一个军营里求助，没想到军营里的人正准备响应李隆基，于是一刀将其杀死。上官婉儿也在兵变中被李隆基所杀。

韦皇后和安乐公主的尸体被扔在外面示众，暴尸数月，以一种可耻的方式结束了她们的一生。

不过，历史是由胜利者书写的。韦皇后的很多罪名是确有其事还是胜利者们的扭曲？我绝无意否定韦氏是个负面人物，她开历史的倒车，执意想恢复武则天时期的旧貌，有着和她自身能力不相配的野心，纵容安乐公主，而且在她的作用下，唐朝官场贪污盛行，卖官鬻爵，腐败达到了一个前所未有的程度，其影响甚至持续到李隆基当皇帝以后若干年，才逐渐消散。

但再罪大恶极的人也有辩护的权利。在指出其恶的同时，我也必须指出，韦氏的罪恶有被夸大的地方，这有被她的对手夸大的地方，还有被后世史学家夸大的地方。主要是如下几点：

第一点，丁男问题。韦皇后在上官婉儿鼓动下曾上书皇帝，规定老百姓二十三岁为成丁，五十九岁入老，免除徭役。这是好事，成丁年龄比以前延后了，入老比以前提前了，这不是减轻民众负担吗？因为一旦成丁就要担负起沉重的徭役兵役了，这个政策是有利于老百姓的，老百姓当然欢迎，可是后世的历史学家们给予的评价是"以收时望"[1]，意思是收买民心。其实后来李隆基也有类似的举动，却被评价为惠民政策。

第二点，李重福事件。韦皇后亲生儿子李重润在武则天时期因为和妹妹永泰郡主夫妻一起议论二张导致被杀，而向武则天告密的极可能是李重润之弟李重福。因为私下里的谈话被人举报，只有可能是关系很近的人所为。中宗即位后，韦皇后曾经在中宗面前举报说当年告密的不是别人，正是李重福。结果导致李重福被贬到外地。而《旧唐书·李重福传》说："为韦庶人所谮。"意思是李重福被韦氏诬告了。其实此事不难调查，当时当事人应该都在，是不是李重福告的状唐中宗应该有调查，李重福自己也没喊冤，反倒上书父亲，请求宽恕："伏望舍臣罪愆。"可见举报李重润者八成就是他。就因为韦皇后后来乱政，于是这个正

1　见《旧唐书》。

当的举报在后世史家那里都成了"谮"。这个李重福，在韦皇后、安乐公主、上官婉儿死后竟然野心膨胀，认为自己是唐中宗皇子，理应即位，竟然发起叛乱，后失败自杀，可见他也是个不着调的人。

但是不管怎么样，韦氏的恶名算是铸就了。一句话，她的野心害了她。后来，她和女儿安乐公主以庶人身份下葬，地点极可能是在长安以南，与唐中宗的定陵相距甚远。而中宗定陵旁的陪葬墓里，竟然有前太子李重俊的墓，这是唐睿宗的安排，这是多么大的历史讽刺啊。

上官

第十讲

婉

儿

上官婉儿墓志的秘密

2014 年 1 月，上官婉儿墓志全文公布，这个消息可谓一石激起千层浪，人们发现，虽然一些原本模糊的东西逐渐清晰了，围绕在上官婉儿身上的谜团却并没有减少，而是越来越多了。上官婉儿墓志究竟说了些什么，又反映了哪些历史大事，这是我们在本讲要讲述的内容。

　　首先请大家看看，下图墓志摆放在墓道里的情况。墓志全文一共九百余字，这在唐代墓志里算得上是体量比较大的了，规格不低。结合这个墓和墓志的情况，我们可以发现如下几个问题：

一是墓志盖与墓志文中上官婉儿位分级别名称不一样，这反映了什么？

二是墓志文中上官婉儿先祖状况被有意掩饰，这是怎么回事呢？

三是上官婉儿的婚姻状况，在墓志里有令人震惊的记载。

四是上官婉儿的政治态度究竟如何，她与韦皇后和太平公主的关系究竟如何，是这个墓志里最令人感兴趣的问题。

下面我们就这四个问题分别来看一看。

第一，墓志盖与墓志文不一样的地方怎么解释？

墓志一般都有盖，盖上都有墓主姓氏和官职。这个上官婉儿墓志盖上写着"大唐故昭容上官氏铭"，志文开头却是"大唐故婕妤上官氏墓志铭并序"。一个昭容，一个婕妤，都是唐代妃嫔的称号，问题是前者高于后者，一个二品，一个三品，这是怎么回事？这其实证明了当时墓志制作者的仓促，同时有点草率了事，为何这么说呢？婉儿被杀是在景云元年，也就是公元710年六月二十日，下葬则应该是在八月份以后。她生前长期是昭容，但被杀时的身份又的确是婕妤，为什么会有这个变化咱们后面会提到。但唐政府在当年八月又再次追封其为昭容，并下令安葬。

所以我大胆推测当时的情形，墓志刻于再次追封她为昭容之前，所以墓志里的职位是婕妤，可是墓志还没做完呢，追封的诏敕下来了，封为昭容，墓志制作者来不及修改正文，于是做个补救，在志盖上写上了"昭容"。可是问题在于，并没重新做墓志，甚至也未改动墓志内的"婕妤"称号，我想只能有两个可能，一个可能是时间来不及了，有司已经预先定好下葬时间了，没时间重新做了，直接把墓志盖重新刻了了事。联想到墓葬本身遭遇过破坏，陪葬品也少得可怜，就一点点陶俑，没金器没银器，而且墓葬本身无盗洞，也就是说破坏属于官方行为，这些情况综合起来可以看出来官方对这个丧事的规格一压再压，这就跟墓志志里对上官婉儿的赞美形成了强烈对比，这也是后面我们要解释的矛盾现象。

第二，墓志中上官婉儿先祖状况被有意裁剪，这是怎么回事？

上官家的先祖是谁？这个姓怎么来的？上官家是楚人，墓志里说他们家先祖"为楚上官大夫"，是因为先祖担任过战国时期楚国上官大夫，由此以上官为姓，可是墓志里故意不提他的名讳，为啥呢？这反映出墓志文的作者真的很维护上官婉儿，替她隐讳，毕竟这位先祖不是很光彩，是楚怀王之子公子子兰。此人接受秦国贿赂，劝楚王与秦国结好，曾经屡次排挤、诬陷屈原，屈原被流放和他有直接关系。子兰总的来说是一个负面人物，所以墓志的作者就用一句含混的"为楚上官大夫"一掠而过。

墓志里还曾提到上官家先祖中"女为汉昭帝皇后"，汉昭帝皇后的确是上官氏，这一句强调了先祖之显赫，但回避了一个人——上官桀，也就是这位汉代上官皇后的祖父。上官氏之所以能当皇后，与这位显赫的祖父有很大的关系，此人原本受汉武帝遗诏委托，协助将军霍光、金日磾辅佐年幼的汉昭帝。他孙女就是此时嫁给汉昭帝的。但是由于和霍光有矛盾，上官桀和燕王旦、鄂邑长公主、桑弘羊等人相互勾结，想发动政变铲除霍光，然后辅佐燕王旦上台。后来此事败露，这些人都被霍光下手干掉了，上官桀和他的儿子上官安被杀。上官皇后因为年幼，而且对阴谋一无所知，所以保住了皇后的位子。所以这一句提上官皇后，但不提上官桀，也是有意替上官氏掩饰。从这两处掩饰可以看出来，志文作者很注意维护上官婉儿的形象。

第三，上官婉儿的婚姻状况。

上官婉儿是唐中宗的妃嫔，是昭容，这一点众所周知，但是新出土的上官婉儿墓志却告诉我们另一个秘密："年十三为才人，该通备于龙蛇，应卒逾于星火。"

婉儿生于公元664年，十三岁为才人的话，正是高宗在位期间（高宗去世于683年）。这是个惊人的发现——原本都知道上官婉儿是唐中宗的妃子，却没想到她早先还曾经是唐高宗的妃嫔！这一幕和武则天的经历极其相似，武则天也是先为唐太宗才人，请注意，也是才人，后成为唐高宗的皇后，这一幕最后竟然在上官婉儿身上重演了！这种事情在唐代不止一次发生，唐宫廷的伦理观念与后世真是迥然有别。宋代朱熹说唐朝"源流于夷狄，闺门失礼不以为异"[1] 也不是毫无根据。他的意思是唐朝皇族有胡族血统，所以这种在我们看来乱了纲常的事情在唐朝很正常。的确，草原游牧民族有收继婚传统，父亲死了，儿子可以娶后母，兄长死了，弟弟可以娶嫂子。唐朝文化的确有很强的游牧民族色彩，所以这一幕在唐朝王室不止一次上演。

我怀疑上官婉儿被立为才人是武则天的举措，她看上上官婉儿的才华，要让她给自己当秘书，既然如此就必须让她有个名分，否则她将永远是一个普通宫人。立婉儿为才人这事不大可能是高宗做的，因为此时高宗已到晚年，根据《资治通鉴》的记载，公元 660 年开始高宗的身体每况愈下，已经无法正常处理公务。他的症状是头晕目眩，目不能视，他是风病，也就是严重的高血压，到了晚年甚至一度失明。这种情况让人怀疑他还有无兴趣给自己挑选妃嫔。高宗一生有八子四女，人数不少，但皆是高宗身体尚健康时所生。婉儿被立为才人的那个时间点以后没有新的皇子、皇女降生，足以证明高宗此时已经力不从心。志文中说到她十三岁成了才人，然后紧跟着就说"该通备于龙蛇，应卒逾于星火"，意思是上官婉儿笔走龙蛇、文思敏捷，可见她这个才人是与秘书工作密切相连的。而此时宫廷内外由武则天一手把持，用得上这个秘书的只有武则天，所以立婉儿为才人应该是武

1　见《朱子语类》。

则天的主意，是为把她从普通宫人中超拔出来。《景龙文馆记》说武则天测试上官婉儿是在婉儿十四岁时，现在看来可能应以墓志为准，即十三岁。

一个十三岁的女孩，相当于如今初一孩子的年龄，已经开始在掌权者身边担负如此的重责大任。这是上官婉儿命运的戏剧化转折。要不是有墓志的出土，后人真是无从知晓。

第四，墓志里体现出上官婉儿怎样的政治立场。

这也是墓志里最重要的内容。史籍都说上官婉儿是韦皇后一党的人，她也就是因为这个原因被杀的，这已经几乎是定论了。但是实际情况往往没那么简单。上官婉儿一生生活在宫廷内，见惯了尔虞我诈、流血斗争，她懂得保护自己，再加上婉儿本质和善，也知道什么是好什么是坏。可她总舍弃不了武则天的政治理想，总有一种颠倒乾坤的抱负。从某种程度上来说，她是武则天政治理想的继承人，在武则天死后担负起了延续武则天政治生命的重任，我们不知道这是不是武则天临终前的嘱托，没有史料记载这个事。但是上官婉儿的所作所为就是朝这个方向发展的。

上官婉儿有不少举措体现出了她的这一理念。比如，她力挺女人参政。这一点促使她和韦皇后走到了一起。这一点也是她最为人所诟病的。后来上官婉儿在历史上受到的指责，也主要集中在参与韦皇后一党这个问题上。其实，上官婉儿是个没有野心的人，她并不打算把自己变成第二个武则天，而是要寻找她自认为合适的人选，最终她选择的是韦皇后。不然难道要她选安乐公主那个不着四六的小女子吗？既然要支持女人当政，当然要联合韦皇后，走武则天的老路。而她的政敌李隆基恰恰是一个以消灭女人专权为己任的人。这一点决定了婉儿的悲剧性结尾。

上官婉儿鼓励韦皇后学习武则天，上书皇帝，恳请天下子孙为母守丧三年。

同时还鼓动给中宗皇帝上尊号为"应天皇帝"，给韦皇后上尊号为"顺天皇后"。这又是在模仿当年的武则天。当年唐高宗号称"天皇"，武则天号称"天后"，平起平坐，上官婉儿这应该是想辅佐韦皇后重走武则天老路。

问题就在于——历史不能简单地重复。我不是一个男权主义者，对女性当权没偏见，但是我仍然要说上官婉儿这个举措太不明智，毕竟当时是一个男权社会，开女性掌权的历史倒车不会成功。武则天能力何等之强，最终也免不了失败，何况其他人呢？

武则天临死前应该会联想到吕后。当年的吕后生前给自己的侄子们封官晋爵，委以重任，吕家一时间看起来风光无两，但吕后一死，吕家立即被大臣们联手铲除。武则天可不愿意让这一幕重演，于是上官婉儿就担负起了维护武家利益的职责。

此时武家的主要代表人物就是武三思，而武三思早在武则天去世之前就已经和上官婉儿有了私情。神龙政变发生之后，武三思地位岌岌可危，甚至有丢命的可能，也正是上官婉儿救了他，将他引荐给韦皇后，韦皇后又和武三思有了私情，之后在中宗皇帝面前替武三思说好话，这才把武三思给保住。

上官婉儿的糊涂就在于她把政事和私人感情生活纠结在一起了。她和武三思有私情，又把武三思介绍给韦皇后，通过男女私情把三方利益结合在一起，真是小聪明、大糊涂。韦皇后和武三思的沆瀣一气带来的直接后果，就是太子李重俊的叛乱，武三思死于非命，而上官婉儿也差点被杀，这场惊心动魄的政变虽然以李重俊的失败被杀宣告结束，但是却成为上官婉儿政治立场改变的分水岭。

历险后的上官婉儿正在反思。她原本只顾着完成武则天的遗愿，但是蓦然回首却忽然发现——自己所属的这一派是不是已经走得太远了？李重俊事件促使她开始反思自己的所作所为，尤其是自己的表弟王昱以前曾对自己说过的一番话。当时王昱意识到了表姐走的路是一条非常危险的路，于是他找到了自己的姨妈——上官婉儿的母亲郑氏，让她劝告上官婉儿，天命不会眷顾武家，武家不可能东山再起，你应该及时与武家及韦皇后分道扬镳。上官婉儿对武家的保护掺杂着对武三思的个人感情，所以越走越远，以至于再度威胁到了李家政权。这一幕应该也不是上官婉儿的初衷，但是她控制不住武三思和韦皇后，难免越走越远。王昱意识到这是极度危险的，所以通过姨妈力劝表姐回头是岸，不要再和武家勾结，否则结果就是亡身灭族。

本来上官婉儿对自己表弟的这番话置之一笑，但李重俊政变差点应验了王昱的预言。她痛定思痛，开始思索自己该怎么办。也是从这个时候开始，她出现和韦皇后、安乐公主分道扬镳的迹象。

按照这次出土的上官婉儿墓志的记载，上官婉儿曾经采用了激烈的方式劝谏唐中宗不要一味纵容安乐公主，甚至采取了自杀的手段，经过急救才被救活。上官婉儿墓志是这样说的："以韦氏侮弄国权，摇动皇极。贼臣递构，欲立爱女为储，爱女潜谋，欲以贼臣为党。昭容泣血极谏，扣心竭诚，乞降纶言，将除蔓草。先帝自存宽厚，为掩瑕疵，昭容觉事不行，计无所出。上之，请摘伏而理，言且莫从；中之，请辞位而退，制未之许；次之，请落发而出，卒为挫衄；下之，请饮鸩而死，几至颠坠。先帝惜其才用，慜以坚贞，广求入膝之医，才救悬丝之命，屡移晷魄，始就痊平。表请退为婕妤，再三方许。"后来还主动申请将自己由二品的昭容降为三品的婕妤。可是有意思的是，根据《唐大诏令集》中《起复上官氏为婕妤制》的记载，上官婉儿是因为母亲去世丁忧因此去职，然后皇帝下令重新封为婕妤。也就是说墓志和官方文件是矛盾的。这个墓志极可能是太平公主命令制作的，起草者可能是上官婉儿生前所欣赏的文人张说或者崔日用，因此我们不排除这样一种可能性——墓志有可能是在为她说好话，帮助她开脱。

以婉儿行为处事的一贯风格来说，她也不大可能采取如此决绝的手段反对韦皇后、安乐公主。要知道立储是韦皇后和安乐公主孜孜以求的核心目标，上官婉儿假如真的以死相逼阻止此事，则韦皇后一党必然与婉儿彻底决裂，按照《唐大诏令集》的记载，婉儿退为婕妤的时间是景龙三年（709）十一月，距离唐隆政变发生尚有七个月左右，这段时间里婉儿虽然在有意与韦皇后等保持距离，但是却毫无证据表明她们之间有公开的决裂。人们仍将婉儿视作韦皇后一党，墓志可谓虚美。

那么为何在中宗皇帝被杀后，上官婉儿不立即采取措施与韦皇后、安乐公主划清界限呢？干吗如此拖泥带水呢？我估计原因如下：

一是上官婉儿在搞平衡，不想得罪任何一方。

二是中宗是怎么死的还是一个疑问。而这个疑问随着另一方墓志的出土变得更加扑朔迷离，谁的墓志呢？安乐公主的。按唐朝官方说法，毒死中宗的元凶是安乐公主，但是这个墓志却给了一个稍有不同的说法。

这个墓志里如下内容比较重要：

一是指责安乐公主骄奢淫逸。这一点与正史记载相符。

二是墓志透露出韦皇后和安乐公主是打算在景龙四年（710）六月二十三日对李旦、太平公主动手（当然这里也包括李隆基）。这个日期以前的史料没有提到过。李隆基之所以抢在六月二十日动手，毫无疑问是基于对这个情报的掌握。

三是最关键的一句："其夫武延秀与韦温等，谋危宗社，潜结回邪，交构凶徒，排挤端善。密行鸩毒，中宗暴崩。"虽然坚持说中宗是被毒死的，但是却把矛头指向了安乐公主的丈夫武延秀和韦皇后死党韦温。

武延秀是武则天侄子武承嗣的儿子，换言之是武则天的侄孙。景龙二年（708）十一月，丧夫的安乐公主嫁与武延秀。此后武延秀就和安乐公主、韦皇后沆瀣一气。后来他在唐隆政变中被李隆基部下斩杀。

韦温是韦皇后、安乐公主死党，他是韦皇后的堂兄，仗着韦皇后的权势也曾得意一时，他也在唐隆政变中被杀，而且满门抄斩。

墓志没有明说安乐公主是否参与了弑君阴谋，而是强调其夫是元凶。与后来李隆基的官方说法有所不同。似乎中宗刚死那阵，李隆基集团内部对于此案真相也有意见分歧，安乐公主在其中起到的作用他们好像也无明确证据。后来唐代官方说法趋向一致，即唐中宗是被安乐公主毒杀，但这是经历了一段时间之后的结果，这段时间应该是李隆基"整顿"的时间，整顿内部思想，保持对外口径的一致。后来李隆基和太平公主灭掉韦皇后和安乐公主之后发布的制文中指责她们下毒弑君，但也没有列出证据。

其实那时中宗年龄也不小了，唐朝皇帝中长寿的也不多，平均年龄也就是五十岁左右，中宗的爷爷太宗、父亲高宗都是五十多岁，而中宗去世时是五十五岁，也有人怀疑中宗是因为心脑血管疾病暴毙的，因为这是唐代皇室的家族病。但是由于主流舆论对韦皇后和安乐公主不利，所以导致民众一致将中宗暴毙之事归罪于她们。而这一点也是李隆基求之不得的。

我们现在还没有明确的证据证明这种推断的对与错。可以设想一下这种可能——上官婉儿也搞不清中宗是怎么死的，即便是安乐公主她们干的，她们也不可能事先和上官婉儿通气，上官婉儿的性格温和，不可能同意她们干这个。所以说，上官婉儿在中宗死后没有及时与韦皇后、安乐公主画清界线，可能是因为她也在做评估判断，但在把情况搞清楚之前，政变就爆发了，她没有时间了。

那么上官婉儿墓志为什么会出现这样多的春秋笔法呢？我估计有两个原因：

第一，我估计这是太平公主的授意。此时的太平公主已经开始和李隆基明争暗斗了。李隆基不仅先后干掉了韦皇后、安乐公主、上官婉儿，而且后来还干掉了太平公主，而且自己当皇帝的时候还严防后宫干政，皇后死了之后许多年不立皇后，宁肯后位空置，也要防止出现第二个武则天。所以说在这种情况下上官婉儿不管怎么样做都难逃一死。

就在唐隆政变发生两个月以后，李隆基就免掉了两个太平公主亲信的职务，从此太平公主就开始了和李隆基的斗争，而婉儿的葬礼也在此时举行，这方墓志里说太平公主对婉儿之死十分伤心，还赠送了五百匹绢。李隆基把上官婉儿当作敌人看待，太平公主则是把上官婉儿看作己方的卧底。对于李隆基来说，一个太平公主就够受了，要是再加上一个上官婉儿，那更不得了了，所以那天他一定要置婉儿于死地，同时也斩断太平的一条臂膀。太平公主最大的失误就是政变那天她不在现场，她要是在现场一定会阻止李隆基，李隆基就趁这个当口杀死了婉儿，太平公主悲愤之余，就授意属下写了这么一块墓志，意欲将上官婉儿与韦皇后党区别开来，彰显自己先前的盟友、现在的敌人李隆基之错误，争取舆论同情。

第二，墓志文字本来就要为墓主虚美。这跟现在追悼会是一样的，现代人开追悼会，写个悼词总不能痛骂死者，再坏的人也不至于，再怎么也得说几句好话。唐代更是如此。这在当时叫作"谀墓"。

唐代大文豪韩愈就是个写墓志铭的高手，再加上他名气本身就大，所以请他写墓志铭的人很多，而且给的润笔都特别丰厚。当时有个叫刘叉的人，是个很有才气的诗人，同时也是个性格独特的人，他仰慕韩愈风采，慕名前往，赋《冰柱》《雪车》二诗，名出卢仝、孟郊二人之上。后因不满韩愈写墓志铭全是溢美之词，所以从韩愈得到的润笔中拿了一大笔钱，说："这不过是谀墓所得，还不如给我拿去过日子。"拿着就走了，韩愈也不敢追究。从此留下了一个词语——谀墓。也就是给墓中人拍马屁的意思。那时的墓志多多少少都存在这个问题。

但是话说回来，像上官婉儿墓志这样颠覆了传统说法，大规模修改事迹的还是非常罕见的，一如这个传奇女性的一生。可以说，这方墓志是太平和李隆基两党斗争的体现，墓志的溢美和墓室所遭到的破坏形成强烈反差，墓志是太平公主所作，目的在于彰显上官婉儿的"冤死"，暗示政治对手李隆基的不仁；而李隆基在战胜太平公主后，对太平公主党一系列已故人物的墓葬都进行了大规模破坏，以示彻底否定。这一点我们在太平公主那一章节中已经涉及。上官婉儿墓的溢美和大规模官方破坏的矛盾现象就此可以得到解释。

第十一讲

◆

　　公元757年十月，正在成都避难的太上皇李隆基得到了一个令人振奋的消息——长安城被收复，唐肃宗请他御驾还京。现在成都北边还有个天回镇，当地传说唐玄宗就是在此回銮的，天回这个词就是纪念此事，天子回銮，国家也开始转运。可以想见，当他们踏上北归路程的时候，队伍中的其他人都是欣喜欲狂，但是唐玄宗本人一定是悲喜交加，喜的是国家重新看到了希望，悲的是自己的政治生命乃至人生实际上已经结束。尤其这一番北归，他要重新踏上那片伤心的土地，那里埋葬着他梦牵魂萦的一个女人，那就是杨贵妃。当他让人重新打开杨贵妃墓穴的时候，杨玉环肉身已经朽坏，只有香囊犹在，一代传奇贵妃的结局就是如此的凄凉。

我相信大多数国人对于杨玉环的基本情况都有了解，杨玉环，中国古代所谓四大美人之一，祖籍今山西省，她风华绝代，能歌善舞，后来成为唐玄宗的妃子，最后在安史之乱中被哗变的禁军逼迫而死。她的一生虽然只活了三十多岁，但是经历却极其丰富，历代的文人墨客对她和唐玄宗的故事进行了浓墨重彩的描述，尤其是白居易的《长恨歌》，更是家喻户晓。对杨贵妃感兴趣的不止中国人，连日本人也来凑热闹，有关杨贵妃没有死而是潜逃到了日本的传说在日本也很流行。这里我想抓几个有关她的焦点问题来加以探讨。比如，怎么看待她的入宫？她是否和历史上那些弄权的后妃一样有着强烈的权力欲？她陷害过李白吗？她真的死于马嵬坡吗？

怎么看待杨贵妃的进宫？

杨贵妃的进宫，不可简单看作是帝王追求美色的结果，杨玉环的美色是她进宫的首要原因，这一点毫无疑问，可是要知道，古代帝王婚姻，很少有不顾及政治因素者。我们首先简单回顾一下杨贵妃的入宫。

唐玄宗原本最喜爱的妃子是武惠妃。武惠妃死于开元二十五年（737），她一死，唐玄宗陷入了极大的悲痛中，长时间怏怏不乐。而此时高力士向他推荐了一个人，谁呢？寿王李瑁的妃子杨氏，此女美貌异常，高力士估计可以让皇帝抹平丧妃之痛。

那么杨玉环曾是寿王李瑁的王妃，后来才被唐玄宗纳为妃，这事儿按理来说是乱了纲常，高力士怎么能出这种主意呢？唐朝宫廷内这种超越辈分的婚姻还真不乏先例，其中武则天是最有名的，她先是太宗的妃子，然后才成了高宗的皇后；最近出土的上官婉儿墓志告诉我们，上官婉儿以前也是唐高宗的才人，后来成了中宗的昭容。宋代朱熹曾经评价说："唐源流于夷狄，闺门失礼不以为异。"他的意思是唐朝血统复杂，尤其是皇室，一半的鲜卑血统，所以婚姻中不把辈分当回事。的确，草原游牧民族有所谓收继婚或者转房婚的，女性在丈夫死后改嫁给夫家其他男性，例如亡夫的叔、伯、侄、甥，甚至不是自己亲生的儿子。这个风俗在北方草原游牧民族内广泛存在。所以对于李唐皇室来说，他们在这个问题上的心理障碍比其他朝代的人要小。

不过也不是毫无顾忌的，毕竟受儒家思想教育那么久了，武则天嫁给高宗前经历过出家阶段，上官婉儿嫁给中宗前高宗去世已经很久了，中间还隔了一个武周王朝。那么这回杨玉环嫁给唐玄宗，也是先以为窦太后追福为名义，出家为女道，然后才被立为妃，而且为了安抚寿王，玄宗还特地给李瑁另找了一个官员的女儿韦氏为妻，并且把册立杨贵妃的仪式放在了李瑁大婚仪式以后一个多月。

这里咱们就要提出一个八卦问题了：杨贵妃真的是唐朝第一美女吗？这个问题看似八卦，却有它的背景在里面，涉及当时的婚姻制度和政治背景。

唐代婚姻，尤其是皇室、贵族婚姻，非常重视门第，当年高宗想立武则天为后，遭到朝野那么大的反对，理由之一就是嫌她的门第低，这就是个例证。所以皇帝选妃不会不顾及门第和政治背景的，杨玉环的生父是杨玄琰，本身官职不高，而且很早就去世了，但是其先祖是弘农杨氏，所以也算是有门第的，而且这里面有个关键人物，就是高力士。高力士与武则天一派关系密切。高力士本是岭南人士，姓冯，因为父亲犯罪所以被迫当了宦官，而且被宦官高延福收为养子，高延福出自武三思家，所以史书记载说高力士与武家关系紧密，武则天在世期间还曾将其召入禁中。而且，根据陕西出土的高力士墓志记载，高力士原名冯元一，改名力士是武则天所赐。著名历史学家陈寅恪先生指出，高力士身份特殊，一方面，他是唐玄宗最信赖的人，一方面，他从小就和武家关系紧密，而杨贵妃呢？她出身弘农杨氏，与武则天的母亲杨氏是同族，所以可以被看作是武家大集团出身，所以他认为，高力士之所以推荐杨氏，首先当然是因为杨氏美貌，可以抚平玄宗伤痛，二则是因为可以巩固李武韦杨婚姻集团，这是一个靠婚姻维系在一起的利益集团。也正是这个原因，陈先生说："世人往往以贵妃之色艺为当时大唐帝国数千万女性之冠，鄙意尚有疑问，但其为此集团中色艺无双之人，则可断言，盖力士搜拔之范围原有限制。"[1] 他的意思是杨贵妃固然美貌，但她只是这个集团内最美貌者，不见得是整个唐王朝最美丽的女子。不过要我说这也足够了。

杨贵妃是弄权的后妃吗？

历朝历代几乎都不缺乏弄权的后妃，唐王朝更是如此，其实所谓弄权，不过是男性社会对女性执政者的蔑称罢了，女性政治家和男性政治家一样有好有坏，因人而异。杨贵妃历来被指责为安史之乱元凶，人们习惯于红颜祸国论，将王朝之兴替归结为君主贤明与否，而君主是否贤明，又取决于是否好色，一旦女人漂亮且居于高位，那不用说，国家动乱的罪名就是你的了，千百年来杨贵妃都被视为是亡国乱政之源。再加上她的同族兄弟杨国忠因为她而拜相，而安史之乱和此人有很大关系，而安禄山又有和她的所谓绯闻，所以更坐实了杨玉环的罪名。也就是最近几十年来，唯物史观的影响下，人们才能给她一个相对公允的评价。

首先我们要指出，杨贵妃的得势的确使得她周边的人鸡犬升天，杨国忠、她的姐姐们，哪个也不是省油的灯，尤其是杨国忠，火箭提拔，直线上升，最后甚至官拜宰相，而他这个人，贪婪、能力低下、心眼坏，从哪个角度来说都是乱政之臣，李隆基

1　《记唐代之李武韦杨婚姻集团》，陈寅恪著。

一生经历了一个由励精图治到松懈怠政的阶段，从任命宰相就能看得出来，以前的姚崇、张九龄，是多么伟大的政治家，而后来任命的李林甫，以及形势急转直下最后任命的杨国忠，皆为世人所不齿。但这条轨迹是李隆基松懈怠政一手造成的，没有杨国忠也有李国忠、张国忠，杨贵妃不应该为此负责。

其次，杨玉环本身没有弄权的条件。李隆基不会给她弄权的机会。历史上弄权的女性都要有机遇的，什么机遇呢？就是皇帝懦弱或者年幼，或者重病在身。李隆基多强势的人物，怎么会给她这样的机会，更何况，李隆基是一个以消灭女人专权为目标的人，特别警惕女人专政，他登基称帝前后几乎就一直在和女人斗争，韦皇后、安乐公主、上官婉儿、太平公主，他自己的王皇后因为无子，所以就请人做法事，那人祝愿说希望王皇后生下儿子之后，能像武则天那样，这事泄露出去，引发了玄宗震怒，他要防的就是武则天再现，所以将王皇后废黜，此后也是多年不立皇后。即便受宠如武惠妃，也最多就是进点谗言而已，从哪个角度来说也不算弄权，最多算是敲点边鼓，而且在三皇子死后还把自己吓死了。她一生也没被立为皇后。

而且，杨玉环本人亦无强烈的权力欲。杨玉环与武则天、太平公主不一样，她是个纯粹的小女人，就是喜欢玩点小情调而已，她本身没有什么野心，史籍中你找不到有关她弄权、搬弄是非的记载。

不过这里可能需要回答一个问题，有传闻说杨玉环弄权陷害过李白，此事是真是假？

据《松窗杂录》记载，有一年春季牡丹盛开，李隆基和杨玉环在兴庆宫沉香亭赏花。美景美人，赏心悦目，皇帝很高兴，有人提议弹奏一曲吧，李隆基说如此美景，岂能用旧曲调，应该谱一首新词，于是他让人到李白那里去，让李白填一曲新词。李白当时酒还没醒，不过这不耽误事，为什么呢？"李白斗酒诗百篇"嘛，越是醉，越是才思敏捷，只见他大笔一挥，写就了一篇《清平调》。这首诗很有名，尤其是"云想衣裳花想容，春风拂槛露华浓"一句，成了千古传诵的经典。唐玄宗把这首诗做成新曲，亲自吹奏，杨玉环翩翩起舞。本来一切和美，但是高力士对杨贵妃说，不对呀，李白这首诗有问题，这是骂您啊。为啥呢？诗中有这么两句："借问汉宫谁得似？可怜飞燕倚新妆。"这等于是把杨贵妃比作汉代的赵飞燕，赵飞燕是汉成帝皇后，出身卑微，但是仗着美貌获得了宠爱，传说她在宫中搬弄是非，害过许皇后，陷害忠良，那是负面人物啊。杨贵妃一听怀恨在心，从此开始憎恨李白，于是撺掇唐玄宗把李白给撵出长安了。

此事假如为真，那么毫无疑问是杨玉环的罪过，可是问题在于是真是假？现代学者主流意见是：此事纯属虚构。主要原因如下：

一是时间不对，《松窗杂录》记载此事发生于开元时期。而李白当上翰林待诏是天宝初年的事情，甚至在此之前他都没有常住长安，开元年间的唐玄宗怎么会找他写诗呢？而且杨氏被立为贵妃的时候，李白已经离开了长安，他怎么能写出此诗呢？

二是和李白同时代或者稍晚的人没提过李白撰写过这首《清平调》，而是一直到晚唐才出现这个说法。

三是李白在历史上的确遭到过陷害，但此人不是杨贵妃，也不是高力士。他的亲戚李阳冰《草堂集序》里说："丑正同列，害能成谤，格言不入，帝用疏之。"也就是说这个陷害他的人与李白"同列"，啥意思？就是同朝为官，而且职位相近，那这当然不是杨贵妃，也不可能是高力士，高力士是内官，不能和朝臣称同列。李白好友魏颢《李翰林集序》告诉了我们这个诬告李白的人是谁，是张垍，张垍是中书舍人，供奉翰林，他才符合"同列"这个特征。他和李白有矛盾，告过李白。那么所谓李白因为《清平调》遭到杨贵妃和高力士陷害也就是无稽之谈了。

四是李白有一首《雪谗诗赠友人》，里面说："彼妇人之猖狂，不如鹊之强强。彼妇人之淫昏，不如鹑之奔奔。"这首诗常被人用来证明李白遭遇过杨贵妃陷害，尤其是"淫昏"二字，被认为是讽刺杨贵妃与安禄山之间的绯闻，但是著名历史学家郭沫若指出，此妇人指的是李白非正式夫人刘氏，刘氏与李白离异后，曾在李白友人处拨弄是非，这首诗就写在此时。时间大约是天宝四载（745）。而根据《资治通鉴》的记载，社会上有了关于杨贵妃与安禄山的丑闻是天宝十载（751）前后的事情，李白怎么可能预知呢？

五是李白本人也要对政治上的失意负一定责任。他一直想当中书舍人，中书舍人是皇帝的笔杆子，很重要的职位，唐玄宗很欣赏其才华，但为啥不给他呢？主要原因还在李白自己身上。他性格豪放不羁，又爱酒，几杯酒下肚就嘴上没把门的，《唐六典》规定："风疾、使酒，不得任侍奉之官。"中书舍人属侍奉官，李白酒名远扬，所以本身就不合格，有史料说："玄宗甚爱其才，或虑乘醉出入省中，不能不言温室树，恐揽后患。"[1]温室树典出《汉书》，说汉代有个叫孔光的大臣掌机要，嘴很严，家人打听温室殿旁种何树，该人竟然不答。这一点李白能做到吗？显然不行。所以舍弃他，是唐玄宗不得已的选择，当官和当诗人毕竟不是一回事，需要的是严谨小心，这方面李白肯定不合格。这事儿和杨贵妃没关系。

综合以上可以说，这首《清平调》虽然很美，但它真的不是李白的作品，那么围绕它发生的所谓杨贵妃陷害李白的事情自然也就是虚假的了。

此事就是个例子，有关杨贵妃的很多传闻都是这样不可靠。但是，杨贵妃又的确与安史之乱的爆发脱不开干系。首先，当时

1　见《唐左拾遗翰林学士李公新墓碑并序》。

有关于她和安禄山之间绯闻的传言。安禄山善于伪装，善于讨皇帝的喜欢。他知道杨贵妃是李隆基的至爱，所以就故意拜杨贵妃为母，实际上他比杨贵妃年龄大，此人就是这么寡廉鲜耻。而且杨贵妃还和他嬉闹，按照当时的风俗，要给新生儿"洗儿"，也就是给孩子洗澡，安禄山体胖，就做了一个超大型号的襁褓，一群女人笑得前仰后合，唐玄宗也跑来凑热闹，赐洗儿钱。也就从这个时候开始，有关安禄山和杨贵妃的绯闻传播开来了。此事是真是假很难说，不能肯定也不能否定。有学者怀疑，以当时的宫廷制度而言，安禄山很难找到与杨贵妃单独相会的机会，尤其是唐玄宗，意在笼络此人，还不至于糊涂到对这种事浑然不觉的地步，所以认为这也是后世对杨贵妃的艳情想象而已。这种想象往往将复杂的事情简单化甚至庸俗化，例如宋元时期著名的讲史话本《大宋宣和遗事》是这样评价杨玉环和安史之乱关系的："那明皇宠爱妃子，春从春游，夜专夜寝，从此荒淫，每日更不坐朝听政。怎奈那妃子与安禄山私通，却抱养禄山做孩儿。明皇得知，将安禄山差去渔阳田地，做了节度使。那禄山思恋贵妃之色，举兵反叛。"这就是一个典型，纷繁复杂的安史之乱发生原因在这里被简单化处理，一言以蔽之，红颜祸国，似乎没了杨玉环，安禄山就守本分了。您要知道，千百年来普通中国人的历史知识不是靠史书传承的，而是靠戏剧、说书等艺术形式来传承的，以《大宋宣和遗事》为代表的讲史话本对一般老百姓的影响可是超越正史的，所以这种传闻一千多年来不绝于耳。

马嵬坡兵变发生的时候，士兵们杀死了杨国忠，还要执意杀死杨贵妃，他们当时说了一句话——"贼本尚在"[1]，意思是杨国忠等人的根本尚在，我们担心她以后报仇，所以要杀了她。这四个字很重要，贼本，也就是说士兵们并没有认为杨贵妃和杨国忠等一样是贼，但是又指出了她对于这场动乱的责任：没有你就没有这些贼。的确是这样。杨贵妃不弄权的原因在于她对政治一无所知，这种无知一方面让她对弄权毫无兴趣，一方面又让她对于一切潜在危险懵懂无知，她根本不懂得亢龙有悔，不懂得居安思危，也不懂得约束身边人，她没有长孙皇后那样识大体的皇后气质，她就是个小女人，遇到了一个松懈怠政的皇帝老公，身边又有个充满野心一心往上爬的同族兄弟，还有几个不着调的姐姐，人人都在利用她，而最后的责任却要她一起来承担。这就是杨玉环悲剧的症结所在。

杨贵妃死后，据说其袜子曾流落民间，成为人们赏玩之物，《唐国史补》："玄宗幸蜀，至马嵬驿，命高力士缢贵妃于佛堂前梨树下。马嵬店媪收得锦靿一只，相传过客每一借玩，必须百钱，前后获利极多，媪因至富。"所谓"靿"当指高筒袜，即一只锦制高筒袜。据称是马嵬驿附近一老妇获得此袜，供过客赏

---

1 见《旧唐书》。

玩，因此而致富。刘禹锡《马嵬行》云："不见岩畔人，空见凌波袜。""凌波袜"指的是擅长跳《凌波曲》的杨贵妃的袜子，可见确实有此说法。然刘禹锡是确曾见过此袜，还是用典而已，尚不清楚。

此袜后来下落说法不一，宋代《诗话总龟》卷三三说唐玄宗返回长安后得到此袜，为此还赋辞："又作妃子所遗《罗袜铭》曰：'罗袜罗袜，香尘生不绝，细细圆圆，地下得琼钩；窄窄弓弓，手中弄新月，又如脱履露纤圆，恰似同衾见时节。方知清梦事非虚，暗引相思几时歇。'"此处原文"袜"作"襪"，也可以解释为抹胸，但从诗文内容来看，应该还是指袜子。此处之诗文体例、对女性足部的审美，似乎并非唐人风格，当是《诗话总龟》所处北宋末期之恶趣味。所以唐玄宗是否得到此袜存疑。

唐后期另有说法，此袜据说流传到江西九江，《唐才子传》卷七："（李远）初牧渷城，求天宝遗物，得秦僧收杨妃袜一裲，珍袭，呈诸好事者。会李群玉校书自湖湘来，过九江，远厚遇之，谈笑永日。群玉话及向赋《黄陵庙诗》，动朝云暮雨之兴，殊亦可怪。远曰：'仆自获凌波片玉，软轻香窄，每一见，未尝不在马嵬下也。'遂更相戏笑，各有赋诗。"

此后直到明清，"杨妃袜"一直是个文学主题，《梅礀诗话》卷上："苍山岗曾原一子实，章贡人。七岁时，赋《杨妃袜》诗云：'万骑西行驻马嵬，凌波曾此堕香埃。谁知一搦香罗小，踏转开元宇宙来。'"《尧山堂外纪》卷七七则有元末明初杨维桢所赋《杨妃袜》："安危岂料关天步，生死犹能系俗情。"明代屠隆《彩毫记》中有"罗袜争奇"，清代洪昇创作戏剧《长生殿》也有"看袜"。

杨贵妃的确死于马嵬坡兵变吗？

自古以来有关杨贵妃的下落就有多种传闻，有的说她逃走了，出家当女道士了；有的说她被高力士悄悄用一个侍女给替代了，侍女替她死了，杨贵妃真身则悄悄逃走了；更离奇的说法是她被队伍中的日本遣唐使搭救，最后搭乘遣唐使的船出海，来到了日本。一种说法是她在久津登陆，但是后来因为疾病而去世，最后埋葬在那里。

日本传为杨贵妃墓地的还不止这一处。另外还有一种说法，说是杨贵妃来到日本后还受到了孝谦天皇的接见，孝谦天皇是日本第四十六代天皇，也是一位女性，所以她对杨贵妃充满同情。杨贵妃居住在奈良附近的和歌山，后来又迁居京都，而且传说她还帮助孝谦天皇平定过一次谋反叛乱。这当然都是些虚无缥缈的传说，但这种传说在日本很有市场，到现在还有日本人自称是杨贵妃后代。

这种传闻只是传闻而已，什么叫悲剧？悲剧就是把美好的东西撕碎了给人看，越是风华绝代的美女，人们越是不愿意相信她如此惨死，越是要加上种种善意的想象。要我说，杨贵妃死于马嵬坡，这一点是毫无疑问的。理由如下：

一是当时唐玄宗一行被哗变士兵包围，杨贵妃被迫自杀，她死后，士兵不可能不验尸。否则怎么能放心？有人说验尸的是禁军头领陈玄礼，陈玄礼同情杨贵妃，所以让杨贵妃装死云云，这根本不可能，纯属无史料支持的臆测，陈玄礼率领禁军哗变，已经把杨家主要人物都杀完了，独留一个杨贵妃做什么？他自己就不担心杨贵妃日后报复吗？

二是说杨贵妃未死的人，很多是受了白居易《长恨歌》的影响，《长恨歌》里有这么两句："马嵬坡下泥土中，不见玉颜空死处。"意思是当唐玄宗从成都返回，路过马嵬坡的时候，让人去将杨贵妃的坟墓掘开，想找杨贵妃的尸骨，但是什么也没有。这下子给了后世很多想象的空间，也成了所谓杨玉环假死的证据，而且《长恨歌》后面还有一大段有关杨贵妃和唐玄宗相见的充满玄幻色彩的描述，更让人觉得白居易是在暗示什么。要知道，《长恨歌》是文学作品，是诗人的想象，不能被作为史料看待，白居易距离那个时代好几十年之久，他对宫廷的和那段历史的了解不比一般人强，举个例子，比如那句著名的"七月七日长生殿，夜半无人私语时"就是白居易不熟悉历史的体现，唐玄宗时期的长生殿是供奉从唐高祖到唐睿宗七位皇帝灵位之地，是所谓"斋殿"，唐玄宗怎么会选择这个地方和杨贵妃缠绵呢？他不怕他爸揍他吗？宋代《长安志》还专门对此事加以解释："传以长生殿为寝殿，非也。"你从这事能看出来，白居易实际上是天马行空，因此那句空死处是不能当真的。我们来看看正史是如何记载的，《旧唐书》说："初瘗时以紫褥裹之，肌肤已坏，而香囊仍在。"很清楚，当坟墓掘开的时候，杨贵妃只剩下了一堆白骨，肌肤已经腐烂，只有一个香囊还算完好，负责的宦官将这个香囊递给了玄宗，玄宗唏嘘不已。这就是一代皇妃真正的结局。

　　回到长安的唐玄宗失去了他的权力和他最爱的女人。在他临去世之前，还曾前往华清宫，那里曾是他和杨贵妃卿卿我我的地方，留下过无数美好的回忆。根据《明皇杂录》的记载，沿途老百姓听说唐玄宗来了，纷纷出来欢迎，唐玄宗此时已经是垂垂老矣，乘坐着步辇而行。有百姓问："太上皇啊，以前您来这里的时候，骑着马风驰电掣，甚至能赶上天空中飞翔的猎鹰，现在这是怎么了呢？"唐玄宗苦笑着说："我老了，再也骑不动马了。"老百姓听了无不唏嘘。当地有一个著名舞女谢阿蛮，善跳凌波舞，当年曾经被召入宫中，为唐玄宗和杨贵妃表演舞蹈，这次她再为唐玄宗表演，演完了谢阿蛮走上前来，出示了一个金臂环，说：这是当年贵妃赐给我的。唐玄宗拿着臂环大哭，周围人无不哭泣。这就是帝国悲歌，这就是唐玄宗的悲歌，这就是杨玉环的悲歌。

附：杨贵妃所吃荔枝来自哪里？

杨贵妃所吃荔枝来自哪里？这个问题在唐代似乎没有什么疑问，就是来自岭南，《唐国史补》中与杨贵妃同时期人杜甫、鲍防的诗句等均可证明。但荔枝保鲜期短，岭南路遥，宋代开始有人怀疑荔枝来自巴蜀，今颇有人以为然。这其中不乏严耕望、冯汉镛等名家，此说采信者众多。近期澎湃新闻又发表邹怡《荔枝之路：一骑红尘妃子笑，荔枝如何到长安》介绍了唐代荔枝由巴蜀飞递的路线，即洋巴道—子午道，更是引发关注。

然而问题果真如此吗？

我们经常用线性发展观代替古人做"理性人"，尤其在技术史问题方面更是如此，即技术发展必然是后代超越前代，用今天的科学思维和逻辑以及发展水平可以解释古代所有的技术问题。其实未必然。看待中国技术史的各种成就必须坚持"点、线、面结合"的原则，要明了传统技术曾经达到过的高度（所谓各个"点"），又要顾及传统技术"经验科学"特色所塑造的继承模式（所谓"线"），还要考虑这项技术是否得到发扬光大，并且转化成公共技术，从而对当代及未来产生重大影响（所谓"面"），并非所有的技术成就都经历过点—线—面的历程，有的"点"永远是"点"，虽然一时惊艳，但却没有产生深远影响。但是却不能就此否定这个"点"的存在。古今思维模式不同，沿着近代科学思维走出来的技术道路可能与古人的技术之路大相径庭。更何况现今技术思想是基于技术本身和社会成本的综合考量，但是，假如不计成本呢？

探究"点"的具体样貌往往受困于史料的缺乏，具体到中古时代更是如此，中古时期的史料多数来自士大夫笔下。笔者在研究古代技术时经常能感到士大夫们对于"大义"的偏爱和对于技术细节的不屑。而敦煌、吐鲁番文书等民间文书中的技术表述又往往囿于缺乏统一的技术交流平台而陷入自说自话的境地。因此技术问题的研究难上加难。本文的问题就是唐代有无可能远距离运输新鲜荔枝，以及唐代岭南、巴蜀交通效率究竟如何？

荔枝产地：巴蜀 vs 岭南 vs 福建？

有关杨贵妃与荔枝，最有名的记载当来自杜牧《过华清宫》：长安回望绣成堆，山顶千门次第开。一骑红尘妃子笑，无人知是荔枝来。*

唐人罪贵妃之名，无非是红颜祸国论之老调，所津津乐道者一是与安禄山的所谓绯闻，二是荔枝，经杜诗渲染，荔枝几乎已经

* 陈寅恪对此诗《过华清宫》曾有驳正，《元白诗笺证稿》：据唐代可信之第一手资料，时间、空间，皆不容明皇与贵妃有夏日同在骊山之事实。杜牧、袁郊之说，皆承讹因俗

而来，何可信从？然《新唐书·礼乐志》一段记载似乎为陈寅恪所忽略："帝幸骊山，杨贵妃生日，命小部张乐长生殿，因奏新曲，未有名，会南方进荔枝，因名曰荔枝香。

《礼乐志》依据什么史料已不可知，然贵妃似有夏季与玄宗同在华清宫之记载。

"符号化"，成为唐玄宗、杨贵妃奢靡生活之象征。然杜诗并未指出荔枝产地，《唐国史补》则较为详尽："杨贵妃生于蜀，好食荔枝。南海所生，尤胜蜀者，故每岁飞驰以进。"也就是说杨贵妃的儿时经历使得她爱上荔枝，而后来发现岭南荔枝胜于蜀地，所以由岭南进贡。严耕望《天宝荔枝道》则认为可能是张九龄使得岭南荔枝蜚声京城，贵妃慕名而已。而杜文玉《杨贵妃、高力士与荔枝的情结》认为是高力士这个岭南人向杨贵妃建议的。另外，一些当时人的记载也证明南海献荔枝确有其事。

杜甫《病橘》诗曰：忆昔南海使，奔腾献荔枝。

唐天宝末年进士鲍防《杂感诗》：五月荔枝初破颜，朝离象郡夕函关。雁飞不到桂阳岭，马走先过林邑山。

有人怀疑这些诗不过是用汉典，严耕望《唐代交通图考》已经辩白，指出确有实指，兹不赘。但是这里有一大问题令人不解：荔枝容易腐烂，保鲜期短，而岭南路途遥远，怎能按期到达？《旧唐书·白居易传》："若离本枝，一日而色变，二日而香变，三日而味变，四五日外，色香味尽去矣。"这句话经常被引证用以证明荔枝不可能自岭南传入。的确，岭南路途遥远，以至于铨选、赴使都要别有制度。正常的行旅用三数月都是常事，荔枝无论如何不可能保鲜。

于是从宋代开始，人们倾向于认为荔枝来自巴蜀。彼时巴蜀忠州（今重庆忠县）、涪州（今涪陵地区）等地产荔枝，见蔡襄《荔枝谱》："唐天宝中妃子尤爱嗜，涪州岁命驿致。"苏轼《荔枝叹》诗自注："唐天宝中，盖取涪州荔枝，自子午谷路进入。"宋人范成大《吴船录》卷下云："自眉嘉至此，皆产荔枝。唐以涪州任贡，杨太真所嗜，去州数里有妃子园，然品实不高。"《舆地纪胜》卷一七四《涪州》："妃子园在州之西，去城十五里，荔枝百余株，颗大肉肥，唐杨妃所喜。"《碧鸡漫志》卷四："太真妃好食荔枝，每岁忠州置急递上进，五日至都。"

但是唐代明确记载由巴蜀向长安进贡荔枝的只有一条史料，即《元氏长庆集》卷三九《浙东论罢进海味状》："臣伏见元和十四年，先皇帝特诏荆南令贡荔枝。"（未说明是新鲜荔枝还是"荔枝煎"。）唐代荆南指的是荆州、澧州、朗州、峡州、夔州、忠州、归州、万州一带，这大约才是巴蜀向长安进贡荔枝之始，但此时距离杨贵妃时代已经数十年过去了。唐代贡籍大约有开元贡和元和贡两大体系，这期间还有各种修正、改变和零星的进贡，贡物产地也多有变化，宋人大概就是受元和贡籍启发才有此断言的，但是同为宋人的司马光《资治通鉴》和宋祁等人《新唐书》倒是还在坚持南海说，不过这并不妨碍巴蜀说逐渐开始流行，当然也有福建说，但是福建荔枝在宋以前不为外地所知，所以这一说声音较小。

杨贵妃所食荔枝来自哪里？

而严耕望、冯汉镛、蓝勇等一些现代历史学家也倾向于相信

"巴蜀说"。严耕望《唐代交通图考》第四卷《山剑滇黔区》里收录有《天宝荔枝道》，支持巴蜀说。有趣的是，他已经注意到了汉代有从南海向洛阳进贡荔枝的记载，也表示注意到了《唐国史补》以及杜甫等人关于荔枝来自岭南的论述，但是他还是相信了宋人的说法，即荔枝来自涪州而非岭南。立论的基础就是白居易所说的"一日而色变，二日而香变，三日而味变"，认为涪州可数日到长安，而岭南万万不可。至于唐人众口一词指向岭南，严先生做了这样的推测："唐人以此为杨氏罪，故偏指远地欤？"[1]

严论可谓代表，其他研究者所依据的焦点都是白居易的那句话，而且生活经验告诉我们，荔枝的确容易腐烂，所以这一点就是本文问题的节点。笔者认为，这个问题似不可轻易下定论，岭南说依旧不可否定，这里关键有两个问题：一是荔枝可以长时间保鲜吗？二是岭南道远，蜀道路短，可是蜀道运输效率如何？

第一，荔枝的保鲜问题。

坦白地说，笔者还没有找到唐代荔枝保鲜的史料。但是这大概只是史料的阙如罢了。现在看来，那时荔枝保鲜期大概比"四五日"为多，而且大约有特别的驿送制度。

其实刚才提到的白居易那句话是有前提的："若离本枝"云云，指单独的荔枝颗果而言。荔枝假如连枝摘下，保鲜期会有效

1　见《唐代交通图考》第四卷，第 1029 页。

加长。而且事实证明，古人的确是这么做的，甚至于"荔枝"一名的由来据说就是对这一行为的描述。最近《咬文嚼字》发表了钱伟《"荔枝"释名》，其中有这样一段话："中国古代最早出现的关于荔枝的文献是西汉时期司马相如的《上林赋》，当时的文中写作'离支'。需要说明的是，在上古汉语中'离'有割取之意，如'牛羊之肺，离而不提心'[1]，句中的'离'就是'割取'。'支'通'枝'。所以，'离支'应是割去枝丫之意。为什么要以'离支'为这种水果命名呢？原来，古人已经认识到这种水果的一个显著特点：不能离开枝叶，假如连枝割下，保鲜期会加长。"另外《扶南记》云："南海郡多荔枝树，荔枝为名者，以其结实时枝条弱而蒂牢，不可摘取，以刀斧劙取其枝，故以为名。""劙"通"劙"，即分割之意也，也就是说荔枝是"砍下来的枝子"的意思。当然，我怀疑"荔枝"这种南方土产大概本于土语，《上林赋》《扶南记》不过是牵强附会，赋意于音而已，但是假如当时荔枝摘取时不是连枝，他们也断然不会写出这样的文字。

前文提到唐代荔枝怎么保存史料阙如。但是宋代有多则史料，文同《谢任泸州师中寄荔枝》："有客来山中，云附泸南信。开门得君书，欢喜失鄙吝。筠笡包荔，四角俱封印。……相前求拆

1　见《礼记·少仪》。

观，颗颗红且润。"筠奁即竹制筒盒，这是一种用竹制容器密封保存的方式。范成大《吴船录》卷上记载："乃知寻常用篮络盛贮，徒欲透风，不知为雨露沾洒，风日炙薄，经宿色香都变。试取数百颗贮以大合，密封之。走介入成都，以遗高、宋二使者，亦两夕到。二君回书云风露之气如新。记之以告好事者。"

这都是短途运输，也许说明不了问题，但宋代还有别的方式保证鲜荔枝的长途运输，只要不考虑成本即可。宋徽宗时期太师蔡京自仙游选荔枝栽瓦瓮中，以海船运出湄洲湾直抵汴京。《三山志》卷三九："宣和间以小株结实者置瓦器中，航海至阙下移植。"还有诗云："密移造化出闽山，禁御新栽荔子丹。山液乍凝仙掌露，绛苞初绽水精丸。酒酣国艳非朱粉，风泛天香转蕙兰。何必红尘飞一骑，芬芬数本座中看。"这是整枝移植。自福建湄洲湾直抵汴京，路途也不短，尚能保鲜。据此宋人还特地嘲笑唐人"何必红尘飞一骑"。

明代也有多种方式。明初朱权《臞仙神隐书》云："收生荔枝，临熟时，……以芭蕉截断，连根插上。"即将熟荔枝树枝插在芭蕉上，可能是借此吸取水分和营养，保证荔枝在连枝摘下后进一步成长、保鲜。徐𤊹《荔枝谱》："乡人常选鲜红者，于林中择巨竹凿开一穴，置荔节中，仍以竹箨裹泥封固其隙，藉竹生气滋润，可藏至冬春，色香不变。"有人不信，徐𤊹竭力辩白，还邀请对方来验看，似乎对此法很有信心。这种办法的原理可能是借助鲜竹的水分实现保湿。而且密封有利于累积二氧化碳、降低氧含量，也有利于保存。[1] 清代荔枝保鲜的记载更多，其中包括整枝甚至整树运输，乾隆帝《食荔枝有感》小注："闽中岁进荔枝多连树木，鲜摘色味绝佳。"但因为成本昂贵，所以就是皇帝也不能啖饱。

《新唐书·杨贵妃传》："妃嗜荔枝，必欲生致之，乃置骑传送，走数千里，味未变已至京师。"可见唐代荔枝尚在保鲜期内即可抵达京城。笔者的确找不到唐代荔枝保鲜的具体史料，但是很难想象其他朝代能够想到的办法唐人会完全想不到。

第二，荔枝的运输问题。

除了保鲜措施外，最要紧的毫无疑问是传递速度。汉代即有飞邮荔枝之事。破南越使得汉武帝得知荔枝美味，曾试图移植，这种不顾环境条件的做法自然无果而终。《三辅黄图》曰："汉武帝元鼎六年，破南越，建扶荔宫。扶荔者，以荔枝得名也。自交趾移植百株於庭，无一生者，连年移植不息。后数岁，偶一株稍茂，然终无华实，帝亦珍惜之。一旦忽萎死，守吏坐诛死者数十，遂不复茂矣。"但他并不甘心，"其实则岁贡焉，邮传者疲毙于道，极为生民之患"。东汉也有交州（越南）荔枝向洛阳进贡的先例，这个路程基本不亚于岭南到长安的路程，《八家后汉

---

1 庄虚之《论我国古代荔枝保鲜技术的发展》，《四川果树》1995年第1期。

书辑注》引谢承《后汉书》卷七："汝南唐羌，字伯游，辟公府，补临武长。县接交州，旧献龙眼、荔枝及生鲜献之，驿马昼夜传送之，至有遭虎狼毒害，顿仆死亡不绝。道经临武，羌乃上书谏曰：'臣闻上不以滋味为德，下不以贡膳为功。故天子食太牢为尊，不以果实为珍。伏见交阯七郡献生龙眼等，鸟惊风发。南州土地，恶虫猛兽不绝于路，至于触犯死亡之害。死者不可复生，来者犹可救也。此二物升殿，未必延年益寿。'帝从之。"《太平御览》卷九七一引晋《广州记》云："每岁进荔枝，邮传者疲毙于道。汉朝下诏止之。今犹修事荔枝煎进焉。"一则侧面证明汉代进贡的的确是鲜荔枝，二则证明晋代进贡荔枝皆为干货。

汉代由岭南进贡荔枝的手段是设置专门的驿送制度，《后汉书》卷四："旧南海献龙眼、荔支，十里一置，五里一堠，奔腾阻险，死者继路。"置即驿站，这个距离大大小于一般的驿站距离（一般是三十至五十里左右）。好处就是可以频繁换马，保证冲刺速度（是的，从"奔腾阻险，死者继路"来看只能用"冲刺"来形容），用这种速度来确保荔枝的新鲜。

杜文玉《杨贵妃、高力士与荔枝的情结》计算，假如快马加鞭，频繁换马，唐代由岭南到长安时间可以缩短为十一天。那种不惜成本、不惜民力的做法，绝对是古代皇帝生活的真实写照。十一天送达的荔枝，如果再加上合适的保鲜手段，纵然不算新鲜，也不能称腐败吧。

另外，还有个很重要的问题，蜀道虽然短，但是蜀道险峻，能够保证短时间送达吗？ 邹怡《荔枝之路：一骑红尘妃子笑，荔枝如何到长安》介绍了"荔枝道"的概貌："唐玄宗时的荔枝道，自今天重庆市长寿区长寿湖畔出发，大体依循 S102、S202 省道，沿明月山北上。至开江县讲治镇，向西绕过明月山。利用开江县新宁河，穿越七里峡山，入宣汉县。沿宣汉县州河，在达州罗江镇转入 G210 国道，先后穿越大巴山和秦岭，抵达关中平原。全程约 1800 余华里。路途中，有着川东平行褶皱山脉和秦巴山地的阻隔，荔枝道不作强行翻越，而是巧妙地利用天然河谷，突破了这些障碍。"李之勤《再论子午道的路线和改线问题》对于子午道历史沿革有详考，他接受了唐荔枝道始自蜀地的记载，认为"唐代的荔枝道可能就是从今西乡县南子午镇接子午道新线的。所以，循子午河、长安河河谷而行的子午道新线，似于荔枝道置驿时就已经出现了"。

　　但是这条路线的险峻引人瞩目，《汉故司隶校尉犍为杨君颂》（又名《石门颂》）有描述："上则县竣，屈曲流巅；下则人（冥），倾泻输渊。平阿淖泥，常荫鲜宴。木石相距，利磨确盘。临危枪砀，履尾心寒。空舆轻骑，滞碍弗前。……愁苦之难，焉可具言。"此处描述的是子午道旧道，而南北朝以后新道其实更加险峻，只是里程比旧道大为减少，所以才被勉力沿用下来。

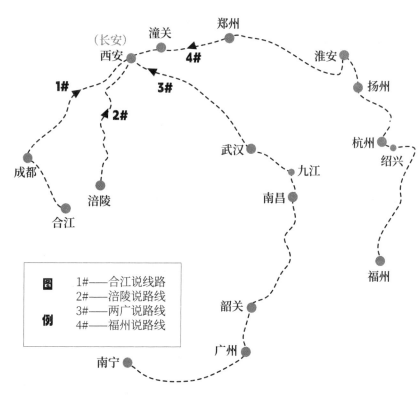

（长安）
潼关　　郑州
西安
淮安
扬州
1#　　2#　　3#　　4#
武汉
杭州
绍兴
成都　　涪陵　　九江
南昌
合江
福州
图

例

1#——合江说线路
2#——涪陵说路线
3#——两广说路线
4#——福州说路线

韶关

广州

南宁

杨贵妃所食荔枝运输路线图

清代《三省边防汇览》卷二《道路考》记载子午镇到子午峪的路程："东北三十里别家坝，三十里岔河，三十里官沟……至长安子午峪……险路六百六十里。"子午镇是明代始有的地名，李之勤认为这条路线基本上就是唐"荔枝道"。这仅仅是这条道路的一部分，险路就达到了六百六十里之多。李之勤《再论子午道的路线和改线问题》记载了自己在20世纪80年代对子午道部分路段的踏勘，从其论述来看，子午道是险峻路段和平坦路段交替出现，例如从子午峪到土地岭，"大都崎岖逼仄"，石羊关到大岭，路渐宽阔，但越过大岭，又进入峡谷……李文多次使用"险峻""逼仄"等词汇形容自己所见子午道沿线。这条路线险路与平路并存，很多地方在河谷中蜿蜒或者翻山越岭，而且很多地方林木茂密，并且有部分地方需要在狭窄栈道上行进。

　　目前为止，整个古洋巴道＋子午道平路有多少，险路有多少，险路如何之险，交通效率如何，笔者未寻见完整而详细的统计，但是说险路"大量存在"恐怕不为过。笔者高度怀疑这样的一条长一千八百华里的路线能否供邮者纵马奔腾，能否在三四天内将荔枝送至长安。李白云"蜀道之难，难于上青天"绝非虚言。所以说，假如真有一条从巴蜀前往长安的"荔枝道"，那么持论者不应该回避这条道路的艰险状况。

　　本文并不打算下什么定论，但以下问题恐怕是相关研究者不可回避的：

一是《唐国史补》以及杜甫等与杨贵妃同时代人都有南海进贡荔枝的记载，唐人指岭南难道都是为了"罪贵妃"？

二是从汉代先例来看，数千里外驿送荔枝是有可能的。

三是唐人可能有保鲜技术，但是我们并不掌握其细节。即便如此也不能断言唐代毫无措施。从宋代以后经验来看，如果不考虑成本，那么荔枝长时间保鲜是可以做到的。

四是路途远近是问题，行路难易也是问题，而且是大问题。蜀道短，蜀道难，蜀道照样难以在三四天内到达长安，这是必须考量的一个问题。

第十一讲

2010 年 4 月 17 日，一件来自美国的货物抵达中国广州港，等候在这里的人们无不欢欣鼓舞。这些人中有公安人员和文物部门人员，也有大批的新闻记者，他们迎来的是一件唐代石椁，石椁重达 27 吨，高约 2.3 米，宽约 2.6 米，长约 4 米，制作精良，上面刻满着人物、动物、植物花纹，无论从哪个角度看都是一件文物精品，现在已被文物部门定为一级文物。目前这件石椁被收藏在陕西历史博物馆中。

　　武惠妃石椁模仿屋子的外形，非常精致美观，是近年少见的文物精品。这件文物是怎么到美国的呢？原来这是盗墓贼所为，不法之徒盗掘了西安市南郊的一座唐代墓葬，将其中的石椁拆卸、打包运走。并通过走私渠道将文物运送到了国外，最终落到了一个美国古董商手中。该团伙虽被警方一网打尽，但是追缴石椁却是一个艰难的过程，美国古董商向中国方面索要经济赔偿，中方则运用国际法对其晓以利害，并且向他介绍了墓主人的身份和重要性，最终这个古董商同意无偿向中方交还石椁，于是就迎来了开篇所讲的那个场景。这个新闻可谓轰动一时。要知道这是中国第一次在国外通过法律手段无偿追回珍贵文物。

盗墓贼受到了法律的严惩。但是令人哭笑不得的是——这些家伙一直到被抓之前都不知道石椁的主人究竟是男是女，姓甚名谁。考古工作者对墓室进行了仔细的清理，在一块哀册残块上发现了"贞顺"两个字，根据这件哀册，再加上文献记载和墓葬形制等证据，考古部门断定，这个墓就是唐代贞顺皇后的敬陵。墓主是唐代鼎鼎有名的后妃武惠妃，贞顺皇后是死后追赠的称号。

我觉得她是一个承上启下的人物。她上承武则天时代，下启杨贵妃时代，前者是她的姑奶，后者一度是她的儿媳，她有姑奶遗传下来的对权力的渴望，但是却又死于这种渴望，她的失败是玄宗一朝的必然产物，而她死后进入宫中的杨贵妃则给后宫带来另外一种气象。

武惠妃的人生分为三个阶段：

阶段一：专宠后宫。

武惠妃是武则天堂侄武攸止的女儿，换句话说她是武则天的侄孙女，父亲早逝，武则天可怜这个孩子，于是下令将其养在宫中。武家出身这一点对她的一生产生了巨大影响，一方面让她对自己的姑祖母武则天的威仪羡慕不已，从小就有了权力欲；一方面这种身份又让很多人对她心存芥蒂，间接导致了她的失败。

长大后的武惠妃非常漂亮，能歌善舞，根据《新唐书》的记载，唐代有《武惠妃舞》这样的绘画传世，可见其舞姿一定非常曼妙。唐玄宗先后宠爱的后妃差不多都是容貌秀丽且能歌善舞，因为唐玄宗本人就是个音乐家，所以很看重这一点。

武惠妃在李隆基当皇帝之前就嫁给了他。但是那时候的太子妃不是她，而是王氏。这个王氏也不是等闲之辈。当年李隆基正在策划与太平公主的斗争，那时候可谓黑云压城城欲摧，生死一线间，王氏积极参与了谋划工作，立有大功。按理说这个皇后位子应该算很稳固，但是她却有一个腹心之病——无法生育。这一点在宫廷里可是致命的缺陷，所以王氏非常焦急。尤其是此时，武惠妃日渐受宠，王皇后心中愤愤不平，而且越往后越焦急，甚至对玄宗也多次口出不逊。

我估计王皇后此时脑子里会想起另一个王皇后，那就是唐高宗王皇后，那个王皇后也是原配，也是无子，而且最后也是败在了一个武氏的手下，这一幕可千万别在自身上重演。可是问题在于，她老是那么闹，唐玄宗已经很不耐烦了，于是开始秘密策划废后。他和一个叫姜皎的大臣商议，结果这个姜皎嘴巴不牢，给泄露出去了，外朝皆知。唐玄宗十分尴尬，于是将姜皎杖六十，流放到外地。至于废后的事情，也只好暂时按下。

但是这件事仍然对王皇后造成了巨大的刺激，她想要采取积极手段。计无所出，竟然求助于巫术。她的哥哥王守一教给她祭北斗法，在霹雳木上刻咒语，再加上李隆基的名字，然后让王皇后佩戴在身上，祝愿说："后有子，与则天比。"[1]意思是希望王皇后能生个儿子，而且地位能和武则天一样。

这件事被人揭发，唐玄宗勃然大怒，这个怒不仅是因为皇后竟然搞巫术，更重要的是因为那句祝愿语，何谓"与则天比"？就是与武则天比肩，可能王皇后的原意是和武则天一样生儿育女，巩固后位，可是唐玄宗的理解大约是王皇后有政治野心。他对此格外敏感。杜绝后宫干政算得上是李隆基的一条底线。

李隆基的前半生就是以消灭女人专政为目标的，他小时候就顶撞过武家子弟武懿宗，他的母亲窦氏就是被武则天杀害的，杀了之后连尸首都无影无踪了。李隆基从政之后，代表的是朝中以儒家正统价值观为主导思想的那一派，这一派对武周王朝以及女人专政是非常反感的。而且他前半生的主要政敌都是女人，韦皇

1　见《新唐书》。

后、安乐公主、上官婉儿、太平公主，这些女人都是在武则天的刺激之下积极参政的，所以李隆基时刻警惕着第二个武则天。可是王皇后竟然做法事，祝愿自己"与则天比"，这是他绝对不能容忍的。于是王皇后就此被废，后来郁郁而终。

识者或有问，武惠妃不是武则天的亲戚吗？李隆基为何能接受她呢？要知道，武惠妃此时并没有任何从政干政的迹象。而李隆基是自信可以管好后宫的，早期没有政治企图的武惠妃自然不在禁止之列。

所以武惠妃很快就专宠于后宫。那时三千宠爱在一身的是武惠妃。惠妃这个名号是唐玄宗创立的，皇后之下有三夫人，分别是惠妃、丽妃、华妃，都是正一品。武惠妃在后宫的地位相当于皇后，权势也等于皇后，但就是没有皇后的名分。

原因还是在于李隆基。李隆基自打废掉王皇后之后，再也不立新皇后，武惠妃也好，后来的杨贵妃也好，再受宠也不给皇后的名分，原因很简单，就是防备有人借着皇后的位置谋求当个武则天第二。所以李隆基压根没这个打算。武惠妃当然渴望后位，那个年代每个后宫女性都渴望得到后位。可是她实在是没有办法左右唐玄宗的想法，唐玄宗是个强势皇帝，从这点上来说后宫要想弄权也是很难的。

阶段二：恃子而骄。

要想在后宫长期专宠，那生孩子当时是不二法门，王皇后的失败可谓殷鉴不远，可是，武惠妃刚开始生孩子的过程也是坎坷无比。

武惠妃一生有七个孩子，可是前三个都夭折了。古代儿童的夭折率很高，就是皇家也无法幸免，皇子皇女夭折的比比皆是。开元初年，武惠妃生了长子李嗣一，又叫李一，这孩子在唐玄宗所有儿子中排名第九，长得特别漂亮，一生下来就特别受玄宗喜爱，但是可惜的是还不到六岁就死掉了，唐玄宗伤心欲绝，给这个孩子追赠夏悼王，然后将其葬于洛阳以南龙门石窟附近的一座小山岗上，想从宫中随时可以看到孩子的墓。

武惠妃次子名叫李敏，也是漂亮可爱，但是却死于襁褓，被追封为怀哀王。又生了一女，也是貌美，但是这个孩子也夭折了，被追封为上仙公主。然后，武惠妃又生下了李瑁（李瑁），也就是未来杨贵妃的老公寿王李瑁（李瑁）。

面对这个新生儿，武惠妃忧心忡忡。自己前面生了三个孩子，全部夭折，虽说古代儿童夭折率很高，但像武惠妃这种情况的也是很少见的。所以，武惠妃怕这个孩子重蹈哥哥姐姐们的覆辙。当时有一个风俗，就是自己生的孩子要是担心养不活，就把他送到寺庙里去，或者交给其他人抚养，借此来冲一冲。所以孩子刚生下来，唐玄宗大哥李宪就主动站出来要求抚养。李宪，原名李成器。唐睿宗长子，按理说有资格当太子、当皇帝。但是李成器性格敦厚，他看见李隆基立下大功，很有自知之明，于是主动恳请父亲立李隆基为太子，并且一生不过问政事。所以后来他去世时，李隆基十分悲痛，给他追封让皇帝，按天子礼仪安葬。这个大哥很能体谅自己皇帝弟弟的苦衷，所以要求抚养李瑁（李瑁），他的夫人亲自为这个孩子哺乳。而唐玄宗之所以将儿子交给这个大哥抚养，估计首先求的就是一个放心，大哥敦厚，不会教坏这个孩子。说实话，我估计李隆基也在盼望武惠妃的儿子能长大成人，因为他有自己的想法。这个想法后来果然付诸实践了。

李瑁（李瑁）真的活下来了，从此武惠妃生育之路就很顺畅了，先后生盛王李琦、咸宜公主、太华公主。这些孩子都长大成人了。对于武惠妃来说，这下子算是有了骄傲的资本了。尤其是李瑁（李瑁），漂亮可爱而且十分聪明，七岁时晋见皇帝，一群皇子行礼，就李瑁（李瑁）行礼最规矩，一丝不苟，可见李宪真的是教育有方，唐玄宗看见了十分高兴。这个孩子在唐玄宗所有儿子里排行十八，所以人称十八郎。开元十三年（725）被封为寿王，回到了皇宫。

也就在此时，武惠妃开始谋划自己的大事了——当皇后。以前自己想当，但是没资本，她认为最大的原因就是自己孩子总是存活不下来，现在好了，眼见李瑁（李瑁）一表人才，而且玄宗对这个儿子喜爱有加，她觉得时机成熟了，于是正式提了出来。而唐玄宗却把此事交给外朝大臣讨论，反对意见占了主流。《唐会要》当中保留有反对此事的大臣的奏言，他们的理由可以总结为以下几点：

一是武氏是武则天后代。反对者提出："父母之仇，不共戴天，……岂得欲以武氏为国母？"[1]意思是提醒玄宗，武氏曾经篡夺过国权，而且武则天杀害过你的母亲，你怎么能让武家女子为皇后呢？反对者还列举了武惠妃的叔叔们武三思、武延秀等人的种种劣迹，警告皇帝选择皇后要注意家族背景。所以说武惠妃的时受到自己家世牵累。

二是此事乃张说阴谋。张说是唐玄宗开元前期一个重要的大臣，此人才高八斗，堪称当时天下一等一的大才子，当年参加科举，考了甲等，武则天觉得不可思议，因为自打有科举以来其实没人获得过甲等，张说可谓破纪录，于是武则天硬把他降为乙等。但是，是金子就会发光，张说依然很快鹤立鸡群，比他的同年们进步快多了，被人誉为"大手笔"。后来官拜宰相，有很多有利于国计民生的政绩，尤其是提拔了未来的名相张九龄。

但是此人性格暴躁，而且贪利，唐玄宗要去泰山封禅，委托他拟定随行者名单。封禅乃是大事，随从者都觉得是个光荣，而且可以加官晋爵，所以竞争很激烈，而张说拟定的名单照顾亲旧，很不公平，引发了朝野反感。不久他就因勾结术士、贪赃枉法等罪名遭到了很多重臣的联名举报，唐玄宗本来想重重治罪，但是高力士出

1　见《唐会要》。

来说情，说："臣去张说家，看到张说惊恐万状，蓬头垢面，坐在草席子上，用瓦盆吃饭，就等您降罪，太可怜了。"于是唐玄宗动了恻隐之心，只是免去了他的中书令之职，让他在集贤院专修国史，但是宰相大权算是架空了。

这次反对者指出，武惠妃想立后是张说的阴谋，意思是张说想借机重回权力巅峰。我对此事颇有些怀疑，张说都已经丧失实权了，武惠妃此时勾结他有何意义？可能是因为张说年轻时多受武则天赏识，有人有意把他和武惠妃联系起来，而且这个奏章上来的时候正是张说被免职不久，此时把他拉出来陪绑，显得更有说服力，更能引发唐玄宗对立后一事的警觉。

三是动摇现任太子之位。反对者认为，"且太子本非惠妃所生，惠妃复自有子，若惠妃一登宸极，则储位实恐不安。"[1]现任太子是谁呢？是李瑛，他是唐玄宗李隆基第二子，母亲是赵丽妃。反对者指出，要是立武惠妃为皇后，而武惠妃自己有儿子，那么您置太子瑛于何地？他又列举了一大堆历史典故，告诉唐玄宗这种状况有多么危险。

这个反对意见看来是奏效了，唐玄宗没有拜武惠妃为皇后。这算得上是武惠妃的一大挫败。武惠妃当然会非常失望。我高度怀疑，朝廷议论就让唐玄宗打消了立后的念头，恐怕根本原因是唐

1　见《唐会要》。

玄宗压根不打算立后，不立皇后是唐玄宗的原则，而武惠妃一定要当，唐玄宗不好驳爱妃的面子，于是主动交给外朝讨论，借着大臣反对这个理由顺理成章将此事压了下去。

这件事发生于开元十四年（726），第二年，寿王李瑁（李瑁）遥领益州大都督、剑南节度大使。估计给李瑁（李瑁）这个任命正是为了安抚武惠妃那颗受伤的心。但是武惠妃因为有李瑁（李瑁）这个唐玄宗最喜爱的儿子，心气已经很高了，对其他皇子包括太子早都不放在眼里，此番挫败只能让她愈挫愈勇，说实话，此时还真能看出武家血统对她的影响。

阶段三：夺嫡斗争。

唐朝一大政治弊端就是储君问题始终得不到妥善解决，唐朝能顺利即位的太子还不到所立太子总数的一半。当年的武则天就曾顺利扳倒过唐高宗太子李忠。武惠妃从立后失败这件事中得出一个结论，那就是要想上位，要先扳倒现任太子。然后母凭子贵，当皇后是顺理成章的事情。

于是她就把目光瞄准了当时的太子李瑛。

李瑛是唐玄宗第二子，他的母亲是赵丽妃，丽妃和惠妃一样，都是正一品夫人。赵丽妃是大美女，善歌舞，早年李隆基当潞州别驾的时候娶了她。本来很宠爱，但自打有了武惠妃，赵丽妃就逐渐失宠。《旧唐书》："母赵丽妃，本伎人，有才貌，善歌舞，玄宗在潞州得幸。及景云升储之后，其父元礼、兄常奴擢为京职，开元初皆至大官。及武惠妃宠幸，丽妃恩乃渐弛。"李瑛作为太子，看着自己的母亲如此失意，内心自然不满，尤其对武惠妃十分不满。而且他还有两个志同道合者，就是他的兄弟鄂王瑶、光王琚。

鄂王瑶母亲是皇甫德仪，光王琚母亲是刘才人，这两个女人都是李隆基当年当临淄王时候受宠的，但是此时都失宠了。尤其是武惠妃生了寿王李瑁（李清）之后，皇帝越发偏爱这对母子。所以她们也好，她们的儿子也好，怨气越积越多。李瑶、李琚常去找太子瑛，三个年轻人聚在一起就是骂武惠妃和李瑁（李清）。

但是祸从口出。此时驸马杨洄起到了关键作用，他娶的是武惠妃的女儿咸宜公主。此人想讨丈母娘欢心，以此为晋身资本，既然此时武惠妃最大愿望是扳倒太子，那么杨洄就甘心为马前卒。他四处探察太子他们的言论，甚至可能收买了太子身边的宦官或者宫女。三个年轻人爱骂武惠妃和寿王的消息很快就被杨洄探听到，汇报给武惠妃。武惠妃这下子有了理由了。她跑到皇帝面前哭诉，说太子他们阴谋结党，想谋害臣妾，而且他们的目标还不止于臣妾，他们还想害您。前半句还算有点影子，而后半句则纯属于武惠妃添油加醋的诬告。

唐玄宗听了大怒，他对自己的太子早就没有感情，对武惠妃倒是无比宠信。所以偏听偏信，想将三位皇子一并废黜。唐朝历史上还没有过一日废三位皇子的记录。大家都觉得冤枉，三位皇子不过是发牢骚罢了，谋反之类，证据不足，现在唯一的证据就是武惠妃的告发，这能算证据吗？但是皇帝如此震怒，无人敢劝谏，只有宰相张九龄挺身而出。张九龄为人正直，史书说他"尚直"，此时的唐玄宗政治上正在走下坡路，昏招迭出，也就是张九龄，还能独当一面。这次张九龄挺身而出，他指出：三位皇子一直生长于深宫之中，接受正统教育，从未听说有大的过犯。今天您听信无根无据的传言就要废三位皇子，臣不敢奉诏。他还列举了历史上晋献公、汉武帝、晋惠帝、隋文帝杀害或者废黜皇子导致动乱的事例，劝玄宗回心转意。唐玄宗开始犹豫起来了。

武惠妃看到张九龄如此坚决，觉得有必要做一下他的工作。她秘密派遣了自己的一个奴仆牛贵儿，悄悄来到张府，对张九龄说："废必有兴，公为援，宰相可长处。"[1] 这句话可谓威逼利诱，意思是这太子是非换不可的，你要是能做我的同党，宰相的位子可以长久保持下去。很明显，这还有一层威胁的含义——要是拒绝配合，宰相位置也就保不住了。

张九龄听了勃然大怒，将牛贵儿大骂一顿，并立即向皇帝汇报了此事。唐玄宗觉得这事的确是出格了，后妃直接干政，违背了自己多年的规矩，张九龄此时把这事儿放到明面上批评，背后就有了外朝大臣的舆论支持，唐玄宗什么话也说不出来，于是只

1　见《新唐书》。

好暂时按捺住废黜三位皇子的念头。此事算是暂时过去了。

但是张九龄却自身难保了。这倒不是武惠妃搞的，而是李林甫搞的，当然，根子还得追到唐玄宗头上去。唐玄宗前半生真的是个励精图治的好皇帝，睿智强干，但是此时开始，当久了皇帝的他已经失去了锐气，开始一味追求享乐，而且越来越厌恶大臣犯颜直谏，喜欢听好话软话。自古及今的历史学家都认为，李林甫代替张九龄就是唐玄宗后期下坡路的开端。

张九龄，老臣，耿直，而且严肃，做事刻板认真，唐玄宗越来越不喜欢他。李林甫呢，情商高，会来事儿，尤其善于揣摩君主的心思，他最擅长的就是在皇帝遭到其他大臣批评或劝谏的时候，悄悄背地里找到皇帝，跟皇帝说：您是皇帝，要怎么做就怎么做，何必在意他们的意见，皇帝本来就该乾纲独断才是。所以两相对比，皇帝越来越喜欢李林甫，越来越讨厌张九龄。

李林甫明白，要想取张九龄而代之，除了在外朝努力，宫内也要有自己的力量，所以他很快就和武惠妃结成盟友了。他通过一个宦官告诉武惠妃说：我愿保护寿王。武惠妃大喜，在唐玄宗面前没少说李林甫的好话。

唐玄宗任命李林甫为中书令，而张九龄则为右相，并罢其政事，实际上就是剥夺了张九龄的权力。李林甫得偿所愿，但是这还不算完，他还要置张九龄于死地。借口一个言官冒犯天颜，他提醒皇帝，您可别忘了这个言官是谁提拔起来的，那是张九龄的人。唐玄宗大怒，于是乎，开元二十五年（737）四月贬张九龄为荆州长史，张九龄不久郁郁而终。

张九龄刚刚被贬，武惠妃这边就开始动手脚，杨洄又当了回马前卒，他举报说太子瑛、鄂王瑶、光王琚与太子妃兄薛锈密谋造反，有史料说武惠妃玩了一个花招，她派人去召太子和二王，说是宫中有人谋反，请赶紧来帮助平叛。太子和二王三人听说了立即穿上铠甲，拿好兵器，准备带人冲入宫中救驾。然后武惠妃又跑到唐玄宗面前说不得了了，太子谋反！唐玄宗派了一个宦官到太子那里去看情况，结果看见太子全副武装正在那里调兵遣将，于是唐玄宗认定太子谋反。但是《资治通鉴》作者司马光不相信这个记载，他说：太子兄弟三人与武惠妃互相猜忌已久，怎么可能因为武惠妃一句话就全副武装要冲入宫中，他们有那么愚蠢吗？再者，后来唐玄宗发布的废太子制书里只是指责太子要谋害寿王李瑁（李瑁），没有提所谓武装冲击宫廷的事情，可见此事大概是虚构。

唐玄宗把太子一案交给群臣讨论，此时李林甫站出来回答了这么一句："此陛下家事，非臣等所宜豫。"[1]这是在模仿当年李勣在唐高宗就立不立武则天为后时候回答的那句话："此乃陛下家事，何必更问外人。"唐玄宗听到这句话，立即下定决心，同

1　见《资治通鉴》。

一天废三位皇子为庶人，然后又将他们赐死。

这一番变故，可谓惊天动地。唐朝历史上还没有同一天贬三位皇子为庶人而且还处死的先例，这是个标志性事件，张九龄的下台导致三位皇子失去最后的保护伞，而李林甫则通过这件事展现了他弄权的机巧和野心。

处死三位皇子，武惠妃是不是扬眉吐气，得意一时了呢？还真没有，这虽是武惠妃要的结果，但是却没有给她带来预料中的好处。原来，三位皇子的死亡直接导致了武惠妃的死亡，而且她最大的心愿，也就是立李瑁（李瑁）为太子的努力也付之东流了。换句话说连遗愿都没有完成。

武惠妃是被三位皇子吓死了。原来，三位皇子冤死之后，武惠妃颇有点儿做贼心虚，她总觉得三位皇子的鬼魂缠着她，这就是典型的心里有鬼。武惠妃甚至被吓病了，还请巫师作法，让人将皇子们的尸体重新加以安葬，并且加以祭祀，即便如此还是没有好转，她最终在惊恐中去世。《大唐新语》："太子等既受冤死，武妃及左右屡见为祟，宫中终夜相恐，或闻鬼哭声。召巫觋视之，皆曰：'三庶为厉。'先是收鄂王、光王，行刑者射而瘗之，乃命改葬而酬之。武妃死，其厉乃息。……三庶以二十五年四月二十三日死，武妃至十二月而毙，识者知有神道焉。"三位皇子是开元二十五年四月二十三日死的，武惠妃则在当年十二月去世，这番折腾最终可谓是两败俱伤，竹篮打水一场空。

唐玄宗悲痛异常，郁郁寡欢，但即便如此，他也没有实现武惠妃最大的遗愿，就是立李瑁（李琩）为太子。

　　三位皇子事件后，李林甫这一派当然想拥立寿王，但根据《新唐书》的记载，唐玄宗似乎另有所思，那些天他一直陷入深思，寝食难安。高力士问，您这是为什么，是为了立太子的事情吗？唐玄宗说是，你是我的家老，你觉得怎么办好？高力士回答说："嗣君未定耶？推长而立，孰敢争？"[1]皇帝一听，恍然大悟，推长而立，年龄排序是硬性标准，这样做谁也说不了什么。于是决定立三子李亨为太子，这也就是未来的唐肃宗。高力士的意思当然是希望立李亨为太子，可是问题是李亨是李隆基三子，为何称"长"？唐玄宗长子叫李琮，此子品行没大问题，可是却无法立其为太子，因为此子少年时在禁苑中打猎，被野兽伤害导致破相，古代破相、残疾者甚至无法正常参加祭祀，遑论立储，所以李隆基不能考虑他。二儿子就是刚死的李瑛。所以现在要论能立储的人，李亨算是最长的了。高力士的意思是，又要立储，又不愿意引起纷争，那就必须用绝对标准取代相对标准，贤能与否、物议如何那是相对标准，只有年龄是绝对标准，拿出来别人不好说什么。

　　这件事反映出一个问题——从根本上来说唐玄宗还是没有立寿王的意思。虽然他将三位皇子赐死，但是却不愿意在所有问题

1　见《新唐书》。

上受武惠妃、李林甫的左右，这大概还是他那个防止后妃弄权的思想在起作用。所以他在最关键的立太子一事上还是不愿意顺着武惠妃、李林甫一党。武惠妃死了，他也没有改变主意，他不愿意让李瑁（李瑁）这个获得很多重臣支持的皇子当太子，李隆基一生都在防备周围亲属势力坐大，李林甫等人越是支持李瑁（李瑁），他越不能立他，因为这意味着将出现一个强势太子。于是与世无争、口碑不错的三子李亨就此捡了一个大漏。于是就只好对不起死去的武惠妃了。

所以说，武惠妃可恨又可怜。可恨的是为了一己之私利，在宫廷内掀起那么大的波澜，最终害人害己。可怜的是，她有恶意，但是却被自己的恶意所害，终究内心里还是存有善根，但是善根却被野心所压倒。

唐朝

第十三讲

才女

唐朝的才女们

◆

　　唐代是个才女辈出的时代。唐代还没有那么浓厚的"女子无才便是德"的观念，因此女性学习文化的人相当多，也涌现出一批才女。名门望族家的女孩子一般都学习诗书，即便是一般人家的女孩子有机会也会去学习文化，虽然说女性受教育程度还是比不上男性，但是比起其他时代来说隋唐女性文化水平也是相当高的。唐代著名才女鱼玄机曾经有两句诗，显得很无奈："自恨罗衣掩诗句，举头空羡榜中名。"[1]意思是说我的女性身份掩盖了我的诗名，我

---

[1] 见《唐才子传》卷八。

虽然有才华，也只能白白羡慕那些科举高中的进士们。这是有才华的女性的无奈，也说明了当时社会归根到底还是男权社会。

今天我们选择几位具有代表性的才女来看看，了解了她们的事迹，您就能对唐代妇女的才华有一个大致的了解：

◆ 徐惠

徐惠是唐太宗的妃子，著名的才女，而且以贤德著称。据说徐惠从小就有异象，五个月大就能咿呀学语，四岁时候就可以背诵《论语》《诗经》，八岁时候就开始自己写诗文，而且写得很漂亮，很有胸怀气魄，一点也不像个小女孩的作品。有一天她父亲让她模拟《离骚》写一首诗，而且是命题作文《拟小山篇》，小山是汉代淮安王门客的共用笔名，他们这些人普遍崇拜屈原，崇拜《离骚》。结果这个孩子朗朗咏诵出来："仰幽岩而流盼，抚桂枝以凝想。将千龄兮此遇，荃何为兮独往？"[1]她父亲看了这首诗大惊，写得太好了，不仅文笔美，而且有胸怀。前两句描写景色：我看这美景，发思古之幽情。博我以皇道，弘我以汉京。千年了我才有机会与你相遇，你又为何独自离开？此处"荃"指的是一种香草，后来引申为对对方的尊称。徐惠这是在写谁？学者普遍认为写的是屈原。这本来就是模仿屈原《离骚》，而且徐惠距离屈原的时

---

1 见《新唐书》。

代刚好将近千年，所以徐惠这是在描述对屈原的敬仰。所谓取法乎上得乎其中，小小的徐惠对具有正气的屈原如此推崇，这孩子品性可见一斑。

这首《拟小山篇》使得徐惠名声大噪，后来她写的诗文往往都被人们争相传诵。

后来唐太宗就听说了她的大名，于是召其入宫，然后立为才人。此时还有另一位才人武媚娘，不过武媚娘这个才人可不怎么受宠，而徐惠则不然，她很受唐太宗赏识，尤其是这个小女子非常勤奋，已经是妃嫔了，仍旧手不释卷，文章诗词也是越写越漂亮。唐太宗很欣赏，不久就把她提拔为充容。徐惠很受长孙皇后的影响，长孙皇后虽然去世比较早，但是她的贤德可是举世闻名，虽然去世多年，但唐太宗仍然对她牵挂不已，徐惠似乎很有成为长孙氏第二的抱负，这不是说她想当皇后，而是说她以长孙氏为学习榜样。长孙氏不做"配偶干政"，但是在大是大非面前总能帮太宗纠正过失，徐惠也是这样的。太宗晚年，屡次对外用兵，再加上装修宫室，所以百姓负担比贞观前期要重。徐惠看在眼里急在心里，她上书给太宗，对他进行劝谏，她认为，人的欲望是没有穷尽的，四处征讨，劳民伤财，这是国家动乱的先兆，她说："有道之君，以逸逸人；无道之君，以乐乐身。"[1]

1　见《新唐书》。

太宗看了之后非常欣赏，连连称善，而且给了徐惠很多的赏赐。这篇谏言又不胫而走，成为唐代文学史上的佳作。

徐惠和唐太宗之间有着深厚的感情，可以说，她是长孙皇后去世后太宗最宠爱的妃子。贞观二十三年（649），太宗病逝。徐惠伤心欲绝，不久就一病不起，而且还拒绝吃药，她说先帝待我十分优厚，不如让我去陪着先帝吧。听到她这番话的人都很感动。第二年她就因为思念过度，身体逐渐垮掉，然后去世了。高宗皇帝听说了之后很伤心，下令赠徐氏以贤妃称号，这是仅次于皇后的称号。而且下令按照徐贤妃的遗愿，将其和太宗一起安葬在昭陵地宫中。所以徐惠得以和她所爱的男人葬在了一起。

徐惠一生可以用一个"才"字和一个"正"字来形容，"才"让她得以进宫靠近太宗，"正"让她在自己的身上延续了长孙皇后那般的贤德，为贞观之治做出了自己的贡献。

◆ 鱼玄机

鱼玄机，长安人，也是一位著名的才女。而且据说有倾国之色。鱼玄机平民出身，早年间她曾嫁给一个叫李亿的官员为妾，从这点上你就可以看出来，鱼家地位一定不高，否则怎么会当妾呢？但凡有点出身的人都要当妻的，而且妻和妾之间界限分明，妻死了一般来讲妾不能升格为妻。所以有的男人，有妾而无妻，就可以对外自称未婚。

鱼玄机是一个聪明绝顶且漂亮的女孩子，当了妾，原本就够憋屈了，没想到李亿的正妻嫉妒心很强，根本就不接纳丈夫娶的这个妾，甚至不让她进门。无可奈何，李亿把鱼玄机送入了道观。

鱼玄机就此写下了一篇《寄李亿员外》，抒发了自己心中的怨愤："羞日遮罗袖，愁春懒起妆。易求无价宝，难得有心郎。"但是又有什么办法呢？她这样卑微出身的人就是这样的命运。

在道观里，鱼玄机倒是很快适应了，而且逐渐如鱼得水。道观往往也是社交场合，唐代出家的女道士们相比一般妇女有更多的社交活动，所以鱼玄机和很多名人雅士有往来。她才华高，于是很快就获得了大家的赞赏，其中包括著名文学家温庭筠等。鱼玄机性格豪爽，而且颇有雄心壮志，但是却觉得受累于自己的女身。有一天她到崇真观登楼游玩，发现上面有新科进士们的题名。那时是唐后期，进士在全社会拥有极高的声誉，一旦高中进士，一夜之间美名可以传遍长安，十几日就可传遍全国，中进士是知识分子们最大的荣誉，可是从来没有女人可以参加科举，鱼玄机空有一身的才学，也是毫无用武之地，只能在往来唱和的时候显露一下而已，尤其联想到自己受制于人，命运被别人辖制的事实，鱼玄机无比惆怅，于是大笔一挥，也在上面赋诗一首："云峰满目放春情，历历银钩指下生。自恨罗衣掩诗句，举头空羡榜中名。"[1] 我呀，所恨就是身为女性，掩盖住了我的诗名，让我只能对着进士榜艳羡而已。那意思就是说，要是我身为男性，也就没你们什么事了。就是如此的有气魄。

当时鱼玄机的住所俨然成了才子们的诗歌沙龙，迎来送往，诗歌唱和，而且鱼玄机善于品评诗歌，这些才子们谁也不敢小瞧她，且都以自己的作品经过她肯定为荣。所以鱼玄机成了当时文坛一景。当时很多人来找她的时候，都会带着自己的诗，同时也会带上酒，可见鱼玄机雅好此二物。

但是，鱼玄机的心理也在发生变化。早年间的委屈使得她看破红尘，与诗人们的这些往来又给她招来不少非议，这又让她变得十分敏感。再加上那种豪放的性格使得她常有冒失之举，所以不久就给自己招来了大麻烦。

鱼玄机有一个侍女，是个很漂亮的小女孩，年龄不大，叫绿翘。鱼玄机有一次出门，担心有人来找自己，于是吩咐绿翘说："你好好看门，别出门，有客人来，告诉他我在哪里即可。"这一晚，估计是会有一个和她关系很密切的男性客人要来。

结果半夜她回家了，问绿翘："有人来吗？"绿翘回答说："有，我说练师不在，他就连马都没下就走了。"练师是唐代对

---

[1] 见《唐才子传》。

男女道士的尊称。绿翘所说这位客人正是和鱼玄机关系密切的那一位。鱼玄机一听就起疑心了：我让你告诉他我在哪里，你为何不说？你是不是和这个客人有什么不正当关系？要不怎么会不让他去找我？他又为何招呼都不打就走了？

因此她就开始逼问绿翘。绿翘坚持说我说的都是实情，您不该怀疑我，两个人口角越来越厉害，就在此时绿翘一句话彻底惹恼了鱼玄机，她说："若云情爱，不蓄于胸襟有年矣，幸练师无疑。"[1]意思就是我跟随在你身边，也信奉道教，男女感情的事情早都抛在脑后了，希望您不要怀疑我。鱼玄机一听火冒三丈，拿出棍子就开始打绿翘。

这句话怎么惹怒了鱼玄机呢？鱼玄机虽然平时看起来自信满满，很豪爽，其实她内心有很大的一块软肋——自己被迫进入道门，加上诗名远扬，与这些男性诗人们往来唱和，人们难免有闲话，她虽然装得不在乎，但是众口铄金，唾沫星子淹死人。虽然说唐代妇女地位高，但是再高，也是相比其他朝代而言，它毕竟还是封建时代，不可能给予妇女全部的自由。所以男诗人四处交往就被称赞为豪爽，女诗人就难免遭受诟病和歧视。更何况那时部分女道士本身就是风月场上的主角，绿翘这句话，在鱼玄机听来就等于是这个意思：你身为女道，却毫无禁忌与男人交往，我也

1　见《三水小牍》。

修道，而我从不把男女之爱放在心里。绿翘是不是这个意思，见仁见智，但是鱼玄机内心很敏感，所以就勃然大怒，拿起小棍子就打，劈头盖脸，竟然把绿翘打死了。这下子闯下大祸了，唐代法律虽然将奴婢列为贱口，但主人也没有杀害奴婢的自由，一旦打死也得法办。

鱼玄机一看绿翘死了，慌神了，不知道怎么办好。冷静了一下，她跑到后院挖了一个坑，然后把绿翘埋起来了。

后来有人问起绿翘，她说逃跑了。那阵子奴婢潜逃的事情时有发生，所以大家也没怀疑什么。但是有一天，终于东窗事发了。

有一个客人来到鱼玄机家里喝酒，到后院去上厕所，忽然发现有一处地面上苍蝇密密麻麻爬了一大片，再一闻，似乎有血腥味。鱼玄机是个女人，劲小，所以挖坑挖得不太深，因此露馅了。

客人回家后就把自己的怀疑和自己的仆人说了。仆人又把这件事告诉了自己的哥哥。他哥哥是个街卒，也就是相当于巡警。此人偏巧和鱼玄机有过节，其实也不是多大的事，就是他曾经向鱼玄机借钱，鱼玄机没给他。估计其实也就是看鱼玄机有钱，想赖点钱，鱼玄机不吃这一套，所以他一直怀恨在心。听说此事之后，他就秘密来到鱼玄机家门外窥视，落实了绿翘的确失踪，然后叫上人，携带着工具突然冲入鱼玄机家中，挖开后院地面，果然发现了绿翘的尸体。于是逮捕了鱼玄机，送给京兆尹审理。

当时很多朝臣都和鱼玄机认识，因此帮她说话的人不少，但京兆尹还是将此案上报给了皇帝。这下子鱼玄机大限到了，当年秋季便被处以死刑。一代才女之死，令人扼腕叹息。而她的行为，也的确不能为法律所容忍。

怎么评价这个人呢？她充满才华，心比天高命比纸薄，在那个讲出身讲门第的时代，她从一开始就是人生输家，只能给别人做妾，若她没有抱负、没有才华，也许会苟且一生，但偏巧她有，于是就有了心理上的巨大落差。与男性诗人们的往来也被当时舆论所不容，这又刺伤了她敏感的内心。绿翘是无辜的，鱼玄机呢？她也是个悲剧。

◆ 薛涛

薛涛是唐代中期著名才女，长安人。她出身官宦之家，从小饱读诗书。

据说薛父在世之时，有一次指着院中梧桐作诗说："庭除一古桐，耸干入云中。"当时只有八九岁的薛涛张嘴回答说："枝迎南北鸟，叶送往来风。"[1] 诗文对得很漂亮，但是薛父却皱眉了，这两句似乎预示着这个女孩要抛头露面，是不祥之兆。结果后来薛父去世，薛家家道中落，薛涛不得已在十六岁左右在成都成为乐户，乐户算是贱口，主要从事歌舞等，古代这种工作受到歧视。

1 见《全唐诗》。

乐户平时接触的达官贵人很多。这里面很多人都是非常有才华的，那时才子们基本都当官。薛涛与他们接触过程中一点也不落下风，而且还擅长书法，很快她的大名就传播开来。

薛涛有个特点，嘴巴特别厉害，而且不饶人，尤其是那些装腔作势的大官，她才不怕呢。有一次参加黎州刺史举办的宴会，宴会上行酒令，刺史建议每人取《千字文》一句，句中须带有禽鱼鸟兽之名。然后他第一个来："有虞陶唐"。有虞是尧帝，陶唐是舜帝。这一句就暴露了他不学无术，他把那个"虞"当成"鱼"了。大家都憋着笑，但也不敢说啥。唯有薛涛一下子站起来，张嘴对了一句"佐时阿衡"，这是指商代的伊尹。刺史一听："你这四个字里可没有鱼，你输了！"薛涛回答说："再怎么说，我这衡字中间还有条小鱼，您那有虞陶唐可是啥都没有。"举座大笑，刺史十分尴尬。

当时来过蜀地的文人墨客，无不以见薛涛一面为幸事，和她交往的人中包括了白居易、张籍、王建、刘禹锡、杜牧等名人。而且还有政坛重磅级人物，一位是当地最高行政长官韦皋，此人很有韬略，镇守蜀地多年十分有威望，乐山大佛就是在他手里建起来的；另外还有宰相武元衡，此人是唐代著名宰相，比较有正气。

有关他们还有个有趣的传说。他们当中有一位曾推荐薛涛为校书郎，《鉴诚录》等记载说是韦皋推荐的，《唐才子传》记载是武元衡。校书郎这个官职负责朝廷图书事务，看起来不起眼，实际上非常重要，唐代很多进士出道时都担任过这个职务，很多名人都是从这个职务上发迹的。我认为，所谓推荐薛涛为校书郎一事纯属讹传，韦皋、武元衡都是政坛上摸爬滚打出来的，怎么可能推荐女人——而且还是个乐户——当校书郎，这于制度而言是完全不可能的事情。《全唐诗》作者小传里说韦皋将薛涛"称为女校书"，意思是给她起的外号，这个说法可能更合理，韦皋是形容其学识高，仅此而已。

薛涛还能写一手好字。宋代的《宣和书谱》评她的字，称其"无女子气"，颇得王羲之之法，我觉得夸赞她无女子气，大概指的是其字有力，有风骨。另外根据《悦生堂所藏书画别录》的记载，宋代大臣贾似道还曾收藏她的《萱草诗》真迹，贾似道虽然历史名声不佳，但是此人雅好古玩字画，在这方面很有造诣，能入他法眼的绝对不是庸俗之辈，可见薛涛的字的确很有一套。贾似道被贬乃至被杀后，他的一部分收藏流入民间，还有一部分传入内府，但薛涛的字则不知所踪。

还有件发明和薛涛有关。元和初年，薛涛发明了一种写信的信笺，非常有特色。原是她嫌街市上卖的信笺太粗笨，所以自己设计了一种专门用来写诗的信笺，比一般的纸张窄，而且据说里面有木芙蓉的皮、芙蓉花的汁，颜色发红。这种信笺很适合写诗，而且很美丽，还有淡淡的香味，所以风靡蜀地，号称"薛涛笺"。现在市面上还有薛涛笺卖，当然花纹、颜色比唐代更为丰富了。

靠着这薛涛笺，薛涛永远和诗歌联系在一起了。她所住的地方也很美丽，叫作浣花溪，她的生活可以用优雅、充实来形容。

要说这薛涛在社交场上可谓是呼风唤雨，阅人无数，那她的感情生活呢？她也曾有过一段刻骨铭心的爱情。

元和四年（809），薛涛遇到了青年才俊元稹。这位后来鼎鼎有名的大诗人，也是白居易的挚友，和白居易并称"元白"。他有两句诗："曾经沧海难为水，除却巫山不是云。"可谓千古名句。元稹此前曾有过一段轰轰烈烈的恋情，他的恋爱对象据传是崔莺莺，后来元稹专门为此写了一篇《莺莺传》，也就是后来《西厢记》的原型，而元稹就是那位张生。元稹在和崔莺莺的这场恋情里是始乱终弃，而他和薛涛的这场恋情呢？

元稹长得相貌堂堂，而且诗文名满天下，此时他因为得罪权贵，被贬到蜀地来当官。元稹来到成都之后，大约是慕薛涛之名前来拜访，两人很快坠入爱河，此时薛涛已经人近中年，大元稹十岁左右，换句话说是姐弟恋，此时的薛涛觉得自己找到了真爱，所以全身心投入，她写给元稹的诗，跟她以往那种豪爽的风格迥然不同，完全是一个热恋中小女孩的感觉。

但是好景不长，只过了三个多月，元稹就被调回京城，薛涛不得不与情郎分别。两人鸿雁传书，不断有诗歌往来。这一别竟然是十余年。薛涛一直持守着对他的想念，矢志不渝。但是现实却很残酷，元稹在这个阶段内有丧妻、纳妾等行为，一直到长庆三年（823），他去担任浙东节度使的时候，才重新想起了和薛涛的旧情，想把薛涛接来重续旧情，但是也就在这个时候，他认识了浙东名伎刘采春，竟然见异思迁，他自己说，刘的文采比薛涛差远了，但是容貌可比薛涛强。薛涛此时都是五十岁左右的人了，自然，她能跟小姑娘比吗？由此可见，薛对元是真爱，元对薛只是欣赏，要说有爱，也如一年生草本植物，花开花落就完事了。

极度失望的薛涛写下了一首名诗《春望词》，其中有几句非常有名："花开不同赏，花落不同悲。欲问相思处，花开花落时。"当年元稹要来接她的这个许诺，从此雨打风吹去，但是却让她为此坚守，终身未嫁。元稹的薄情让她心灰意冷。而且从此她脱下了红装，换上了道袍，从此以后与世无争，超然物外。大和五年，即831年，元稹卒。次年夏，薛涛亦卒，享年63岁。薛涛是无奈的，但也正是这种有缺憾的人生，才使得她的形象更为丰满立体，毕竟一个一生顺风顺水的人是很难写出杰出的诗歌来的，她少年的不幸，感情的挫折，塑造了一个有血有肉的薛涛。

唐代才女辈出，她们的才华不在男人之下，抱负也很远大，同时又有着对命运的抗争，但她们亦为此付出了代价。她们在唐代文坛上留下了璀璨的印迹，如同鲜花怒放，如同群星闪耀。我们赞美她们，欣赏她们，也理解她们或者说同情她们。她们是唐代妇女的杰出代表。

唐朝

第十四讲

女将

唐代的女将们

唐代有这样的一批女性，她们不仅会相夫教子，纺织绣花，还同样活跃在战场上，有着不亚于甚至超过男性的勇气。

　　今天我们讲一讲她们的故事，看看她们的勇气，看看大唐女性的奔放与舒展。

　　古代戏台上似乎对女将军特别有兴趣，但大都是虚构的，比如著名的杨门女将，那是完全的虚构。依我的看法，在宋朝那种对女性进行种种限制的时代里，是没有办法诞生杨门女将那种勇猛女性的，能诞生一个击鼓的梁红玉就算是极其不容易了。中国历史上第一位女将军是殷商时期国王武丁的妻子妇好。但是大多数时间段里，女性自然与战争绝缘。

不过自打草原游牧民族的新鲜血液注入中原之后，中原也诞生出不少上阵杀敌的女将女兵们。大家可千万别忘了那首《木兰辞》，虽然花木兰是文学人物，不一定确有其人，但是《木兰辞》能写出来恐怕不是偶然的。草原游牧民族女性本来就成长于马背之上，性格豪爽，自由奔放，可能从小就接受骑射训练，所以一旦需要，她们完全可以上阵杀敌。《木兰辞》写于北朝，最终成稿于唐代，那个时代的人们会传颂这首诗歌不是偶然的，这本就是他们那个年代女性精神的写照。

甚至于这种勇武也会影响到艺术领域。盛唐时期有一个著名的舞女公孙大娘。这里顺便说一句，唐人给女孩起名常叫 XX 娘，公孙大娘应该不是一位大妈，而是指公孙家排行老大的女儿。杜甫曾看过公孙大娘剑舞，也看过她的弟子的舞蹈，他写诗赞美说：霍如羿射九日落，矫如群帝骖龙翔。来如雷霆收震怒，罢如江海凝清光。[1]

唐代就是一个勇壮尚武的时代，就连女性艺术角色都能体现出这个特点。所以这个年代有一系列巾帼英雄一点也不奇怪。

1　出自《观公孙大娘弟子舞剑器行》。

◆ 霍总管

隋末唐初就曾有一个女将军，人称"霍总
管"。她的事迹和当时两个大人物有关，一个是
窦建德，一个是李世勣[*]。当时天下大乱，群雄
并起。河北地区有一个强大的军阀叫窦建德，窦
建德和唐朝是死敌，他发兵攻打黎阳城。镇守黎
阳的是李世勣，他就是《隋唐演义》里的那个徐
懋功。李世勣本来是个很能干的人，但无可奈何
的是敌人实力很强大，他不得不逃跑，但其父亲
被俘了，李世勣惦念父亲，于是回来投降了窦建
德。窦建德很看重李世勣，继续重用他。但是
李世勣时刻想着回归唐朝，一方面他不动声色
为窦建德东征西讨屡立战功，另一方面他暗地
寻找机会，想杀死窦建德然后回归。有一次机会
很好，窦建德说好要来黄河以南李世勣的大营，
李世勣什么准备都做好了，结果窦建德老婆生孩
子，人家没来。李世勣只好继续寻找机会，很
快，这个机会来了，只是啊，这个机会是人家强
加给他的，而且是一个女人强加给他的。

李世勣有个拜把兄弟叫李商胡，李商胡有个

*李世勣（594—669）：字懋功，曹州
离狐（今山东省菏泽市东明县）人。唐
朝初年名将，与卫国公李靖并称。

特厉害的老妈，霍氏，此女与众不同，善于骑射，性格彪悍，人称"霍总管"。总管就相当于今天的司令，换句话说是霍司令。李商胡和李世勣关系非同一般，两个人都曾是李密的手下，是瓦岗军的战友。可惜的是瓦岗军后来失败了，李密逃走投奔了唐高祖李渊，而李世勣随后也投降了唐朝，现在又被迫归降窦建德。而李商胡呢，他手下有五千兵马，也暂时归降在窦建德旗下。

当时在黄河以南窦建德派曹旦主事，这小子是窦建德妻兄，也就是大舅子。他这个家伙贪得无厌，横征暴敛，李商胡等人也被他勒索，敢怒不敢言。最终还是霍总管这个老太太挺身而出。霍总管很聪明，一眼就看出来李世勣非同凡响，而且内心里是反窦建德的。这点心思李世勣没敢跟别人说起，但是霍总管一眼就看出来了。

有一次李世勣、李商胡聚在一起喝酒，霍总管这个老太太在李世勣面前说："窦氏无道，如何事之？"窦建德是无道之人，咱们怎么办？李世勣明白了，老太太看出自己心思了，于是回答："母无忧，不过一月，当杀之，相与归唐耳！"[1]因为是拜把兄弟的妈妈，所以李世勣也叫她母亲，他说母亲不用担心，最多一个月，我就杀了他，咱们一起归唐。

宴会结束，李世勣走了。霍总管身为女性，却能带兵打仗，

---

1 见《资治通鉴》卷一八八。

可以想见，她一定是个很独立自主很有闯劲的人。今天得了李世勣亲口许诺，霍总管心里有底了。于是她对儿子说："东海公许我共图此贼，事须早断，何用待来？事久变生，不如即决。"既然李世勣已经同意和咱们一起举事，干吗要等到一个月以后？一个月时间闹不好泄密呢，时不我待，不如今天就动手。这是打算造成既成事实，逼迫李世勣动手。

李商胡对自己母亲言听计从，立即连夜行动。他们首先袭击了窦建德的水军，李商胡召来曹旦部下二十三将，灌醉后杀死他们。又诬骗敌人三百士兵，准备用四艘大船将他们运过河，船至河中，将三百士兵杀死。其中一位兽医游泳逃到南岸，向曹旦报信去了。霍总管这边派人向李世勣通报情况。

这事对李世勣来说可是相当不利。为什么呢？李世勣的部队和曹旦的部队军营紧挨着。接到报告，李世勣惊出一身汗，我的天，我还没做好准备啊，怎么办？本想袭击曹旦，结果一打探，发现曹旦军营突然之间开始加强戒备，很明显，人家也听到了风声。这下子坏了，曹旦肯定会向窦建德汇报并且请援兵，自己这边实力本来就薄弱，这下子不得不跑了。于是他投奔了李渊。李渊大喜，从此唐朝多了一员有勇有谋的虎将。

而霍总管这边呢？很可惜，她的队伍后来失败了。当时她和儿子虽接连击败窦建德的队伍，但是窦建德本人听说消息后，立即带着主力部队赶来镇压，李商胡最终失败被杀。霍总管的下落史料没有记载，极有可能也是牺牲在战场上了。

◆ 平阳公主

平阳公主是李渊的第三个女儿，她的母亲就是李渊的原配窦氏。平阳公主自小就是个很有勇气，同时也很有点男孩子气的女娃。柴家和李家是世代的好朋友，同朝为官，所以李渊就把自己的女儿嫁给了柴绍。

由于柴绍是在长安当官，所以平阳公主跟着他是住在长安的，李渊决定在太原举兵的时候，就派人秘密地告知了自己的女儿、女婿。结果接到消息之后，柴绍决定去太原帮助自己的岳父。

那么这里面就出了个问题了，他去太原，平阳公主怎么办？此时天下大乱，人人自危，互相怀疑，你要是带着老婆全家都离开了长安，人们一定会意识到你这是外出造反去了，就危险了。所以他必须得一个人走，这才不至于引起别人的怀疑。而且我估计李渊召他来的命令里也是这么说的。可是呢，他放不下自己的这位爱妻，于是他说："尊公举兵，今偕行则不可，留此则及祸，奈何？"[1]你父亲要举兵，我要去参加，不能带你走，可是留你在这儿，举兵的消息传来，你不也就危险了吗？怎么办呢？

结果，这位平阳公主还真不是一般人，她一张嘴，回答了这

---

1 见《资治通鉴》。

么一句话："君弟速行，我一妇人，易以潜匿，当自为计。"[1]你不要担心，你走吧，我是个妇人，我容易躲起来。而且你知道吗，我有我自己的打算。最后一句话这意思大了去了。她的意思是什么呢？她不甘心当一名随军家属，坐等胜利的到来，她也准备大展身手，要干一番宏图伟业。平阳公主就是这么一个有胆色的女子。

柴绍走了以后，平阳公主立刻离开了长安城，她来到了距离长安不远的户县别墅。隋唐人也将别墅叫作别业，这个跟咱们现在理解的一个独立的小楼外加小院的别墅不是一回事。他们那个别业，是连房子带田地很大的一片庄园。那么平阳公主到这儿来干什么？有两个用意：

一是这个地方距离长安不远，不算离开长安，她可以继续麻痹敌人。

二是离开长安城，可确保自己的安全。父亲举兵消息传来，敌人一定会搜捕她，所以她预先躲出城外。

那么到了别墅之后，平阳公主一天也没有闲着，史籍记载说，她"散家赀，聚徒众"[2]。就是把家财散尽，招兵买马。她招兵买马要干什么？她决心在父亲还没有来到长安之前，就替父先把长安周围的敌人给扫荡干净。你看厉害不厉害？

有一个疑问，这是李渊给她布置的任务，还是她自作主张？

---

1 见《资治通鉴》卷一八四。

2 见《资治通鉴》。

在我看来，恐怕是她自作主张。为什么呢？招兵买马、扫清外围这样的事情，这么重大的事情，假如是李渊布置的话，平阳公主再厉害也是个女流吧？李渊绝对不会让平阳公主一个人做，更不会把柴绍给召走。所以我估计，这是平阳公主自作主张，展现出这个女子的胆量和谋略。

不久李渊就真的举兵了，平阳公主也就开始放手大干。而此时户县那个地方有一股大的武装力量，有一个胡人在这儿自立为王，叫何潘仁。

何潘仁是西域胡人，从他的姓氏可以判断，他极可能是一个粟特人，也就是今天中亚地区的人。他很有钱。那时粟特人在华经商的很多，一般都很富有。这个人算得上是一个大富豪。但是隋炀帝时期他犯法了，害怕隋炀帝追究他，于是跑到了司竹园躲起来了。当时天下已经大乱，群雄并起，他四处招兵买马，一时之间竟然有了数万部队。

平阳公主就派自己的一个家奴马三宝来游说这个何潘仁。这个马三宝虽是一个家奴，但是此人很有胆量，而且口才极好。他原本是柴家家奴，柴绍觉得他很有能力，临走前把他留给了平阳公主做个照应。此番平阳公主将他派出来，可谓寄予厚望。而马三宝也没有辜负平阳公主的期望，成功说服了何潘仁。我估计何潘仁是这样考虑的：自己是个胡人，要想立稳脚跟就必须有靠山。而李渊呢，大家都说是真命天子，而且还是根正苗红的关陇大贵族后代，并且正在向关中地区挺进，很适合当自己的靠山，所以他选择投奔平阳公主。要说他一个大男人，怎么就那么容易接受一个女人的领导呢？这一点还真不奇怪，为啥呢？胡人的文化里，女性当家是很自然的事情，颜之推《颜氏家训》里就说过，北朝受少数民族影响，妇持门户是很普遍的事情，再加上公主的确很能干，所以他就决心归顺。

何潘仁赶来拜谒平阳公主，然后还主动给平阳公主留下了一百名精兵作为警卫。然后马三宝自称总管代平阳公主出面，很快就聚集了多路人马，实力大为增强。唐朝建国后这个马三宝还随着李世民四处征战，立有大功，拜为左骁卫大将军，去世时唐太宗还特地废朝，以示哀悼。

此时关中地区群龙无首，大家要想不被隋军各个击破的话，必须得有一个领袖，站出来领导大家。那么毫无疑问，李渊是很合适的人选。为什么呢？关陇贵族集团后代，很有胆量、很有谋略，深孚众望，而且手中兵力雄厚，所以他很有号召力。您可千万别以为，这些农民起义军起义以后，他们的领袖都怀有兼并天下的雄心壮志，不是的，他们当中的好多人，说白了就是当年官逼民反，民不得不反，反了之后怎么办？他们没有长远的计划，他们需要领袖，所以就投靠了李渊。

平阳公主不是一般人，有胆量、有谋略，而且现在手头的兵力也比较雄厚，她的志向就是扫清长安的外围。因此你要是不听她的话，还别说隋朝军队来扫荡你，平阳公主先把你给扫荡了。因此大家就很听话。

平阳公主的军队在长安周围是攻城略地，最后形势是怎么样的呢？就是除了没有攻打长安城之外，整个长安的外围，几乎都被她扫荡尽了。换句话说，长安城已经变成一个熟透了的苹果，就等李渊来摘果子了。而且此时她不是一个人在战斗，还有李渊的族弟李神通、另一个女婿段纶在长安以东举兵响应。当李渊的军队渡过黄河来到关中以后，平阳公主亲率一万精兵，前来接应自己的父亲。李渊听说女儿来了，特地安排柴绍来迎接公主。"遣绍将数百骑趋华阴，傍南山以迎公主。"

李渊没有把自己的女儿的部队并入到其他的部队当中去，而是让她单独立营，这是对她功绩的肯定，也是对她指挥能力的肯定。所以平阳公主的这支军队，对外就号称娘子军，这就是"娘子军"三个字的由来。这个番号是对平阳公主的褒扬，从此以后这三个字名满天下。

那么现在剩下唯一的一个任务就是打长安。此时的长安城闭门自守，人心惶惶，虽说兵力还有一些，可惜军无斗志。而李渊此时手头的兵力多达20余万，大军包围了长安城，制作了很多的攻城的器械，"绕京竹木，歼于斯矣"。就是说，长安城周围的竹木都被伐光了，就是用来制造这些攻城的器械。而且根据《大唐创业起居注》的记载，攻城最积极的部队就是新附的部队，也就是新归顺过来的这些部队，其中就应该包括那支娘子军。

后来当李渊登基称帝的时候，就封自己的这个女儿为平阳公主。而且每次赏赐公主们的时候，给平阳公主的赏赐都格外多，"以独有军功，每赏赐异于他主"。

别的公主也没话说，哪还有话说？那能相比吗？武德六年（623），平阳公主去世，唐高祖非常悲痛，下令要风光大葬，而且要加上鼓吹之乐。有司提出异议，说按照礼法，女人的葬礼不能用鼓吹之乐。唐高祖一听就恼了，他说："公主功参佐命，非常妇人之所匹也。何得无鼓吹！"[1]

鼓吹是军乐。对，是，一般来讲不给妇人的葬礼上用。问题是，我这个女儿是一般的女人吗？她那是冲锋陷阵，是建国的元勋，所以她的葬礼上一定得给我加上这个鼓吹军乐。就这个意思。

平阳公主和她的娘子军，成了中国历史上的一段传奇。她的事迹对于唐代和后世妇女都有着巨大的激励作用。

宋代洪迈《容斋续笔》称赞平阳公主说："至于能以义断恩，以智决策，干旋大事，视死如归，则几于烈丈夫矣。"意思是说妇人原本应该是婉约的、柔顺的，但是一旦她们充满勇气，发挥才智，视死如归，则往往会比男人还要勇敢，而平阳公主毫无疑问是这其中的佼佼者，绝非一般男人可以比拟啊。

1　见《旧唐书·平阳公主传》。

◆ 樊梨花

　　说到唐代女将，好多人会想起樊梨花。此人很有名，戏剧舞台上、电视里都活跃着她的身影。

　　樊梨花形象最早出现在清代，乾隆年间有个叫如莲居士的人作《说唐三传》。这里面第一次塑造出樊梨花的形象。好多人将其称为四大巾帼英雄之一。中国自古以来老百姓的历史知识往往是评书、戏剧带来的，而不是靠正史。所以很多人真的以为历史上有个樊梨花。

　　樊梨花被塑造出来之后，民间说唱艺术对她进行了很多再加工，樊梨花形象得到不断的丰富和发展，樊梨花的传说版本很多。

　　大致来说，樊梨花父樊洪为西域人。唐贞观年间，大将薛仁贵被权贵诬陷下狱。危急之际，西凉哈迷国犯境，听听，一听这国名就是打哈密瓜那里来的，徐茂公力荐薛仁贵挂帅征战，戴罪立功嘛，从而逃过此劫。薛仁贵征西，误中圈套，被困锁阳城。唐高宗见出征不利，征召能人挂帅。薛仁贵之子薛丁山主动请缨，夺得帅印，然后成功救出了父亲薛仁贵。消息传至哈迷国，君臣为之震惊，寒江关关主樊洪悲愤不已。樊洪有女樊梨花，貌美绝伦、智勇双全、武艺高强，与薛丁山阵前交锋，一见钟情。樊梨花装败退走，薛丁山欲乘胜追击，被樊梨花所擒，然后樊梨花表白爱心，薛丁山三娶樊梨花，才最终圆满。在樊梨花相助之下，薛丁山征西成功。

后来还有薛刚反唐的故事，薛刚乃樊梨花之子。关于薛刚的故事版本很多，一般来讲都是说薛刚性格倔强，闹花灯闯下大祸，纵马狂奔，误毙太子，薛府合家被逮，唯薛刚与薛强逃脱。高宗皇帝念薛家有功，未予治罪。但是后来武则天以此为借口将薛家满门抄斩。后来薛刚聚集兵马打回长安，得报怨仇并为家族昭雪，而且使得大唐复国。

这里要说明白如下几点：

一是历史上没有薛丁山。薛仁贵长子是薛讷，他年轻时就以一身正气而著称，与奸臣来俊臣等进行过斗争。武则天因为他是虎将薛仁贵之子，所以还曾重用他，而不是像民间传说的那样迫害薛家人。唐玄宗时期薛讷与契丹作战失利被免官，后来戴罪立功，击败过吐蕃，由此得到重用。屡次出征，后来寿终正寝，享年七十二岁。普遍认为他就是薛丁山原型，但我觉得这不算原型，因为两人事迹相差太多了。

二是历史上没有薛刚。都说薛刚是薛仁贵的孙子。您还别说，薛仁贵孙子里还真有一个反唐的，但不叫薛刚，而是叫薛嵩。薛嵩以骑射闻名，为人豪迈。历史学家黄约瑟先生研究过薛仁贵家族，认为民间传说里的薛刚就是以薛嵩为原型的。不过真实的薛嵩反唐是跟随者，不是主谋，而且他反的不是武则天，而是唐玄宗，他参加了安禄山、史思明叛军，因功被封为邺郡节度使。安史叛军失败后，薛嵩降唐，被封为昭义节度使。当时很多安史叛将投降唐朝，唐政府为了安抚他们，一般都封他们为节度使，其中很多人后来就发展成为割据藩镇，但是薛嵩不一样，他对中央的态度比较恭顺，而且把地方治理得很好，于唐代宗大历八年（773）病死。

三是既然薛丁山、薛刚都是虚构的，那么樊梨花自然也是虚构的。今天讲了两位真实的唐代女将，也讲了一位虚构的唐代女将，从真实的女将身上能够感受到大唐女性那种奔放豪迈的气质，这种气质也是大唐的气质，女性可以影响家庭，影响孩子的气质，帮助塑造丈夫的气质，女性强则时代强，这样的女性配得起唐代这个时代。